2e Banquet Réformiste

DU
PAS-DE-CALAIS,

DONNÉ A ARRAS LE 7 DÉCEMBRE 1847.

Vne de la Place et du Beffroi de la Ville d'Arras.

Se vend chez tous les Libraires correspondants du Progrès.

Prix : 15 Centimes.

1848

NOMS

des Membres de la Commission du Banquet.

Président.

MM. Répécaud, commandeur de la Légion - d'Honneur, colonel du génie en retraite, président de l'Académie d'Arras.

Vice-président.

Lantoine-Harduin, propriétaire, membre du conseil général.

Secrétaires.

Lenglet, avocat, membre du conseil municipal d'Arras.
Renard-Desoncnies, négociant, du conseil municipal d'Arras.
C^t Wartelle, propriétaire à Arras, du conseil d'arrondissement.

Trésorier.

Ild. Desgardin, brasseur à Arras.

Commissaires.

Allart-Godart, négociant à Arras.
Arnouts, banquier, membre du conseil municipal d'Arras.
Baudet, notaire à Bertincourt, du conseil d'arrondissement.
Billet, avocat à Arras, membre du conseil général.
Carré, architecte à Arras.
F. Degeorge, rédacteur en chef du *Progrès*, chef de bataillon
      de la garde nationale d'Arras.
Gradel, propriétaire à Bapaume.
D'Havrincourt (marquis), membre du conseil général.
Hirache, notaire, à Arras.
Houriez, ancien notaire, propriétaire à Arras.
Hurtrel-Grottard, propriétaire-agriculteur, à Baralle.
J. Legentil, maire de Méricourt.
U. Leroux, maître de forges, capitaine de la garde nat^{le} d'Arras.
Mathieu, maire de Camblin, membre du conseil général.
Patou, propriétaire-agriculteur, à Villers-lez-Cagnicourt.
Piéron-Leroy, fabricant de sucre, à Avion.
Plichon, docteur-médecin, membre du conseil munic. d'Arras.
Proyart, maire de Morchies, membre du conseil général.
Savary, notaire, maire de Bucquoy.
Saugeon, manufacturier, maire d'Amplier,
Thellier de Sars, ancien président du tribunal civil d'Arras.

2ᵉ BANQUET RÉFORMISTE

DU PAS-DE-CALAIS,

A ARRAS, (7 DÉCEMBRE 1847.)

Organisé en 15 jours, grâce aux efforts combinés de toutes les oppositions nationales, le 2ᵐᵉ banquet réformiste, qui a eu lieu le 7 décembre 1847, à Arras, comptait plus de cinq cents souscripteurs; ainsi, en un mois, le département du Pas-de-Calais aura fourni plus de 1,000 souscripteurs aux banquets réformistes.

Ce jour-là donc, après une pluie battante, mêlée de neige, les souscripteurs au banquet réformiste, arrivaient dès le matin, de tous les cantons de l'arrondissement d'Arras et des arrondissemens de St-Pol et de Béthune et du canton de Calais.

Nous devons une mention spéciale aux cantons d'Avesnes-le-Comte Beaumetz-lez-Loges et Bertincourt.

A une heure, la commission du banquet alla chercher chez M. Plichon, membre du conseil municipal, MM. Odilon Barrot, Beaumont (de la Somme), députés, Tillette de Clermont, Corne, Chocques, anciens députés, Riglet, membre du comité central des électeurs de la Seine, Cornille président du tribunal civil d'Arras, et quelques autres invités.

Le rendez-vous était à l'hôtel de l'Europe; c'est là que se rendirent MM. les invités, où les souscripteurs les attendaient, pour les saluer d'énergiques et loyales acclamations.

A une heure un quart, le cortége se dirigea, par la rue des Murs-Saint-Vaast, vers la salle du banquet, située sur la place Ste-Croix, au lieu dit le *Moulin-Saint-Jacques.*

Pour éviter tout encombrement, un immense escalier en planches, dressé par les soins de M. l'architecte Carré, conduisait à la salle du banquet, sise au premier étage; des trophées de drapeaux tricolores le surmontaient, et annonçaient de loin à tous, qu'un grand acte de courage civique et de patriotisme allait s'accomplir dans ce lieu ordinairement consacré à l'industrie.

MM. les commissaires avaient parfaitement tiré parti de la salle : partout des trophées de drapeaux tricolores, des inscriptions patriotiques, les dates glorieuses de 1789 et de 1830 annonçaient la solennité à laquelle venaient prendre part de courageux patriotes, amis de la France, de sa grandeur et de sa gloire. A l'entrée des convives dans la salle, l'orchestre, dont nous ne saurions trop louer l'intelligence et le dévouement, joua l'hymne national de la France : la *Marseillaise.*

Le banquet commença sous la présidence de M. Odilon Barrot.

M. Lenglet, avocat, membre du conseil municipal d'Arras, donna lecture de la pétition pour la réforme électorale et parlementaire, ainsi que des lettres d'adhésion de MM. Marie, Bilaut, Duvergier de Hauranne, députés, Audry de Puyraveau, membre du gouvernement provisoire, en juillet 1830, et Berryer, qui tous regrettaient que de sérieux empêchements ne leur eussent pas permis de venir s'asseoir au milieu des patriotes réformistes du Pas-de-Calais.

Au milieu du banquet, M. Odilon Barrot se leva et dit :

Messieurs,

Une fête patriotique s'honore par la bienfaisance ; il va donc être procédé à une quête au profit des indigens. (De toutes parts : Bravo ! bravo !)

MM. les commissaires procédèrent immédiatement à cette quête, qui produisit 400 francs.

Les toasts commencèrent ; ils furent portés dans l'ordre suivant :

M. Répécaud, colonel du génie, commandeur de la Légion-d'Honneur, président de l'Académie d'Arras.

A la souveraineté nationale !
A la réalité du gouvernement représentatif fondé en 1830 !

Messieurs,

Le gouvernement représentatif est pour la France la conséquence nécessaire du principe de la souveraineté nationale proclamé par nos pères, en 89, et revendiqué par nous en 1830.

Tous, dans la grande opposition réformiste, nous voulons ce gouvernement, mais nous le voulons dans toute sa pureté. Je dis tous, car ceux qui, au risque d'un bouleversement, rêvent encore une distribution différente des pouvoirs délégués par la nation, ceux-là ne peuvent vouloir réellement une réforme qui ruinerait leurs espérances, aussi se séparent-ils de nous, ou bien nous nous éloignons d'eux.

Donnons, Messieurs, donnons un éclatant démenti à ceux qui calomnient l'opposition réformiste en lui attribuant des projets inconstitutionnels ; protestons que nous voulons ce que la France a voulu en 1830, ce qu'elle veut encore, la réalité et non l'apparence mensongère du gouvernement représentatif.

Une nation ne peut aliéner la souveraineté qui lui appartient, car ce serait disposer des droits des générations à venir ; elle ne peut que déléguer les pouvoirs qui découlent de cette souveraineté et qui ne peuvent être exercés par elle-même ; mais cette délégation ne doit pas être sans réserve : un peuple qui céderait à un seul homme la plénitude de l'autorité souveraine, se livrerait à un maître absolu qui pourrait lui enlever toutes ses libertés, et ce peuple, lorsque le joug serait devenu intolérable, n'aurait plus, pour s'en affranchir, qu'une seule ressource (ressource funeste !) une révolution. (Mouvement).

Aussi, la France, qui connaît les dangers d'une révolution, a-t-elle fait ses réserves, en fondant le gouvernement de 1830 ; permettez-moi, Messieurs, d'analyser le régime qu'elle a établi : Elle a pensé que la haute direction de l'autorité exécutive devait être conférée à un seul homme, et elle a proclamé un roi ; pour prévenir les déchiremens qui pourraient se reproduire à chaque vacance du trône, elle a admis l'hérédité de la couronne, et si elle a consenti à cette dérogation au grand principe de l'égalité, c'est dans son propre intérêt et non dans l'intérôt d'une dynastie. A ce pouvoir déjà immense de faire exécuter les lois, de disposer, à cet effet, des emplois administratifs et judiciaires, de commander les armées et d'y distribuer tous les grades, de déclarer la guerre et de faire la paix, la France, par la Charte qu'elle a adoptée, par ce contrat synallagmatique qui doit être pour nous et pour tous la loi suprême, a encore ajouté, en attribuant au roi une large participation dans la confection des lois et en lui accordant le privilège de l'inviolabilité.

Et que s'est-elle donc réservé, pour contrebalancer cette vaste autorité dont elle investissait la royauté? Quelles précautions la nation a-t-elle prises contre les velléités d'usurpation d'un roi mal disposé ou plus mal conseillé, contre l'impéritie de celui que le hasard de la naissance pourrait élever sur le trône ? (Très-bien ! Très-bien !)

La seule prérogative que la nation se soit réservée, c'est de se faire représenter par des hommes de son choix, ayant les mêmes intérêts, qu'elle, les mêmes passions si l'on veut.... la passion d'une sage liberté, celle de la justice sans acception, c'est-à-dire de l'égalité devant la loi, et la passion de l'honneur national.... trésor précieux qui jamais ne devrait être sacrifié à des intérêts matériels. Et que peuvent ces élus du peuple, pour la défense des libertés publiques ? vous le savez, Messieurs, réunis chaque année, ils discutent les lois qui leur sont proposées, les adoptent, les modifient ou les rejettent ; eux-mêmes ont le droit d'en proposer, et comme les impôts doivent être annuellement établis par la loi, ils ne peuvent être recouvrés qu'avec l'assentiment de l'assemblée de ces représentans de la nation. L'emploi du produit de ces impôts et de tous les revenus publics est d'ailleurs soumis au contrôle de cette assemblée qui peut par le blâme des actes de l'autorité royale, par le rejet des lois qui lui sont présentées, forcer à la retraite et même mettre en accusation, le ministère qui assume toute la responsabilité de ces actes. (Assentiment)

Un tel système de gouvernement n'est-il pas satisfaisant, n'offre-t-il pas une garantie suffisante contre tout empiètement sur les droits de la nation, sur ses libertés ? Oui, sans doute, messieurs, aussi ne désirez-vous pas, pour la France un nouvel essai d'un système différent ; vous redoutez, avec raison, la crise d'un changement dans notre régime constitutionnel, vous en redoutez les suites, et ce sont ces craintes qui ont déterminé cette réunion vraiment patriotique et toutes les manifestations de l'opposition réformiste. (Oui ! oui !.)

Oui, cette opposition, et la France avec elle, ne demande que le maintien des institutions de 1830 ; mais ce que la France veut, avec la même opposion, c'est la réalité du gouvernement qu'elle a créé, elle ne peut se contenter d'une vaine apparence. Elle veut bien se soumettre à l'autorité dont elle a investi la royauté, elle ne renoncera jamais aux droits qu'elle s'est réservés.... à son droit de *veto* sur toutes les propositions législatives, à celui de contrôle sur tous les actes administratifs... droits tutélaires s'ils sont exercés au nom de la nation, par des hommes de son choix, droits illusoires si ce choix n'est pas libre, s'il est faussé par de coupables influences. Hé bien ! une loi imprévoyante ne prive-t-elle pas du droit électoral un grand nombre de citoyens qui par leurs lumières sont capables de choisir leurs mandataires ?... de sorte que la nation n'a pour organes légaux qu'un petit nombre de privilégiés. (C'est vrai ! C'est vrai.)

(Ce titre ne vous offensera pas, Messieurs les électeurs, parce que c'est malgré vous que vous êtes privilégiés, et que vous ne voulez de privilèges ni pour vous ni pour personne.) ....Et comme si ce mensonge légal, qui attribue à quelques-uns, exclusivement, un droit qui appartient à tous ceux qui sont en état de l'exercer, ne suffisait pas pour fausser le vœu de la nation, dans le choix de ses représentants (et seul il ne suffirait pas, j'aime à le croire), la loi qui règle le mode d'élection donne au pouvoir exécutif tous les moyens de séduire ou violenter les électeurs. (Applaudissements).

Ces moyens, vous les connaissez Messieurs et je me dispenserai d'en faire l'énumération ; il me serait pénible de les caractériser ; j'aurais à flétrir ceux qui les employent, à faire rougir ceux qui les subissent sans répugnance, à contrister ceux qui ne pourraient, sans blesser leurs intérêts les plus chers, se soustraire à leur action.... mais je dirai que le gouvernement représentatif n'est qu'une fiction dérisoire si les députés invertis des pouvoirs de la nation ne sont pas réellement des représentans de ses opinions, de ses vœux, les défenseurs de ses intérêts, de ses libertés. Eh quoi ! une assemblée qui a pour mission de contrôler les actes du ministère, de protéger le peuple contre toute tendance d'usurpation, ne serait pas une pure émanation de ce peuple ! elle serait composée au gré de ce ministère ! et la loi qui rend possible un tel contresens serait religieusement conservée, alors même qu'elle serait frauduleusement exécutée ! Si la France se résignait à subir cette humiliante déception, après avoir si glorieusement conquis ses libertés et son indépendauce elle deviendrait la risée des nations qu'elle avait su habituer à la respecter, souvent même à l'admirer. (Explosion de bravos.)

Aussi proteste-t-elle, Messieurs, et ses protestations rendues plus significatives par les efforts mêmes que l'on fait pour les étouffer, auront assez d'éclat pour qu'on y reconnaisse l'expression d'un vœu général. (Assentiment.)

Espérons donc qu'elles seront, pour la royauté, un utile avertissement qui la déterminera à prévenir la catastrophe à laquelle elle exposerait la France, avec elle, si elle ne résistait pas à la pente périlleuse sur laquelle de funestes conseillers la précipitent si témérairement.

Répétons-donc, Messieurs, ce cri vraiment conservateur :
A la souveraineté nationale !
A la réalité du gouvernement représentatif fondé en 1830 !
(Applaudissemens unanimes et répétés.)

A LA RÉFORME ÉLECTORALE ET PARLEMENTAIRE.

M. RIGLET, négociant, ancien juge au tribunal de commerce de la Seine, délégué du comité électoral des électeurs de Paris.

Messieurs,

Je viens au nom du comité central de Paris, qui m'a délégué à cet effet, vous remercier de l'honorable invitation que vous avez bien voulu lui adresser.

C'est avec bonheur qu'il l'a reçue et que j'ai accepté, moi simple soldat de la réforme, la mission de le représenter à cette solennité patriotique et de vous proposer à vous, fidèles amis du progrès, un toast :
Au triomphe prochain de la réforme électorale et parlementaire.— Bravos, bravos.

Si quelque chose est propre à stimuler le zèle patriotique des bons citoyens, à réchauffer le cœur des amis sincères du pays, c'est bien ces grandes manifestations qui témoignent à un si haut degré du réveil de l'esprit public en France et attestent si noblement cette sympathie politique, cette union, cette harmonie des électeurs des départemens avec les électeurs de Paris, harmonie toujours si féconde et de laquelle aujourd'hui sortira le triomphe de la réforme si nécessaire à la cicatrisation des maux politiques de la France et au maintien de ses institutions.

De cette réforme qu'il importe d'autant plus de provoquer par toutes les voies pacifiques et légales que si nous tardions, elle ne manquerait pas de surgir bientôt de la force même des choses, entraînant avec elle alors ces caractères de violence et d'irritation si redoutables dans les révolutions politiques. — Très bien, très bien.

La France et particulièrement votre patriotique cité en ont fait à la fin du siècle dernier la cruelle expérience ; que les orages de cette grande mais terrible époque nous servent donc d'enseignement !

Qu'ils nous apprennent à ne pas oublier que c'est en les réformant suivant les temps et les besoins des peuples, que l'on évite la ruine des institutions et qu'on leur conserve cette puissance tutélaire qui donne aux nations la force et le calme si nécessaires à leur prospérité ! — Assentiment.

Mais, messieurs, il faut le dire ; nous avons beaucoup tardé, notre sommeil politique a été de longue durée et pendant ce temps beaucoup de mal s'est fait.

L'honneur national a été impunément outragé. — Oui, oui, bravos.

Les lois ont été ouvertement violées et le sont encore chaque jour par ceux-là même sur qui reposait le soin de les faire respecter.

Les mœurs politiques et administratives sont arrivées à un degré de démoralisation jusqu'alors inconnu à la France. — Bravos, très bien.

L'improbité politique et la corruption ont été érigées en système à la face de la nation. — C'est vrai, applaudissemens.

Les plus hautes dignités de l'état ont été l'objet de transactions les plus scandaleuses.

La morale publique a été révoltée par les saturnales de toute nature d'hommes, champions mercenaires du pouvoir que ce dernier n'a pas rougi de protéger encore de ses faveurs même après les arrêts et les flétrissures des tribunaux. — Attention.

Et les intérêts matériels pour lesquels on nous avait promis tant de sollicitude, qu'en a-t-on fait ?

Notre commerce international se voit chaque jour restreint et entravé par la guerre de tarif que nous attire le manque de confiance dans la force et la protection de la France.

Notre industrie repoussée de tant de marchés au profit de nos concurrents, s'étiole et dépérit faute de débouchés qui sous un gouvernement doué du sentiment national n'auraient de limites que celles du genre humain. Et nos ministres, absorbés par de mesquines intrigues étrangères aux intérêts vraiment nationaux, ne savent rien entreprendre, de ces grandes et vastes mesures propres à lui rendre l'espace et la vie. — Très bien, très bien.

Les finances nationales sont aux abois. Un budget de quinze cents millions ne suffit plus. Les deficits s'accroissent chaque année. Forcé d'accumuler emprunt sur emprunt, l'Etat ne trouve plus aujourd'hui cette dangereuse ressource qu'à des conditions que repousserait le moins prévoyant de tous les négociants. — Applaudissemens.

Ministres qui vous décernez le titre de conservateurs! Qu'avez-vous donc conservé ?

On vous l'a déjà dit : Rien. Rien. Rien. Qu'avez-vous édifié ? Rien..... — Sensation. C'est vrai. Applaudissements prolongés.

Je me trompe: vous avez édifié le système de la corruption, et de la vénalité politiques.

Hors cette triste exception vous avez tout compromis.

Grandeur et dignité nationales, influence française, respect des lois, mœurs publiques et privées, commerce, industrie, finances, tout ce qui est grand, tout ce qui est beau, tout ce qui fait la force et la puissance de la plus généreuse et la plus chevaleresque nation du monde tout a dépéri, tout a été flétri sous l'influence de votre administration.

Et qui pourrait dire aujourd'hui, Messieurs, à quelle catastrophe nous mènerait la continuation d'un tel état de choses !....

Mais cela est impossible, vous ne laisserez pas s'accomplir un pareil anéantissement de l'honneur de la France, vous arrêterez les progrès du mal où ils en sont. Nous ne voulons pour gage de cette foi que votre présence à ce banquet et ces innombrables manifestations qui aujourd'hui électrisent la France au cri de la réforme, et chaque jour attestent la lassitude du pays et l'existence dans tous les cœurs honnêtes de cette résolution a opposer une digue au torrent de dissolution politique et morale qui nous menace. — Attention.

Pour atteindre ce but, pour sauver la France d'une ruine infaillible que faut-il ?....

Vous l'avez dit Messieurs : Une réforme! réforme profonde il est vrai, mais facile à obtenir si vous le voulez, car 89 et 1830 l'ont prouvé, la France peut ce que la France veut. — Acclamations.

Et de cette réforme première, de cette réforme organique découleront toutes celles que vous avez droit d'attendre, car des imperfections de nos institutions, sont nés en grande partie les maux que nous déplorons.

Car et c'est ici le lieu de le reconnaître, quelques soient les hommes qui président aux affaires, ce n'est pas a eux seulement que le mal doit être attribué.

Ces mêmes hommes placés en face d'institutions plus larges, plus nationales, n'auraient pu causer au pays le mal qu'ils lui ont fait. L'obstacle eût été plus fort que leur influence, elle s'y serait brisée et depuis long-temps ils auraient disparu. — Mouvement prolongé.

Arrière donc ici toute question de personne, les hommes politiques sont ce que les institutions les font.

Si nous en étions encore à la féodalité, nous tous hommes libres aujourd'hui, nous ne serions encore que des serfs ou des esclaves. — Bravos, bravos.

Nos pères nous ont fait citoyens !

Au prix de sacrifices inouïs, d'efforts cyclopéens, ils ont conquis et nous ont légué les principes d'institutions sous l'influence du développement desquels la France peut goûter le bonheur et la paix ; mais à cette condition d'appliquer l'expérience que nous en avons faite, à les compléter, à les consolider suivant les progrès de la science politique et les besoins actuels de la nation.

Gardons-nous donc, Messieurs, de rester immobiles, tout ce qui ne grandi pas décroît, tout ce qui ne progresse pas dépérit et cesse bientôt d'exister. Et c'est ainsi que nos institutions, si nous tardions encore à les réformer, succomberaient bientôt sous les coups répétés d'un vieux levain d'absolutisme encore aujourd'hui existant et sous l'action incessante de la corruption. — Acclamation. — Bravos unanimes.

A l'œuvre donc, Messieurs, et puisque la réforme électorale et parlementaire est aujourd'hui le seul moyen, la seule voie de salut du pays, portons-nous-y donc avec cette énergie, avec cette persévérance que les bonnes causes donnent aux nobles cœurs. (Bravo, bravo.)

Gardons-nous surtout, Messieurs, de *la division*, cet éternel écueil des conceptions les plus généreuses. — Adhésion.

Que chacun de nous, partisans sincères de la réforme électorale et parlementaire, fasse franchement, largement le sacrifice de ses idées personnelles sur les questions de détails plus spécialement du ressort de la législature, pour se grouper, s'unir, s'associer sans réserve à ce vœu général, à ce cri universel qui aujourd'hui éclate sur tous les points de la France : réforme électorale et parlementaire. — Applaudissements.

Marchons donc résolument sous ce drapeau commun à la conquête pacifique et morale de la réforme. — Oui ! oui ! très bien.

Souvenons-nous que le mandat électoral impose à ceux qui l'exerce l'obligation d'en provoquer l'extension en faveur du plus grand nombre possible.

Que chacun de nous apporte chaque jour sa pierre à l'édifice commun.

Que les pétitions circulent sans cesse, qu'elles passent de la ville au hameau, que pas un canton, pas une commune n'en soit démuni. — Adhésion unanime.

Que chaque lieu de réunion ait sa pétition, que chacun de nous se constitue l'apôtre persévérant de la réforme et se fasse un devoir, un besoin, une loi, d'amener chaque jour à son principe quelques adhérents nouveaux.

Et les signatures viendront par millions, et de cet ensemble, de cette harmonie dans l'expression des vœux et des besoins du pays surgira une force d'impulsion qui emportera toutes les résistances et les mauvais vouloirs. — Oui ! oui ! très bien !

Et ce jour-là, partisans de la réforme électorale et parlementaire, vous aurez bien mérité de la France, car vous l'aurez sauvée de la honte ou d'une révolution. — Immense acclamation.

M. le marquis d'HAVRINCOURT, membre du conseil général du Pas-de-Calais.

Aux vrais principes conservateurs.

Messieurs,

Il n'y a pas de nation au monde plus facile à enthousiasmer, à séduire, et même à tromper, que la nation française : si nous ouvrons notre histoire, nous verrons qu'on a presque toujours abusé pour le bien ou pour le mal, des mots qui représentaient un sentiment vif ou profond dans la nation, et qu'elle a été bien souvent la dupe des hommes adroits qui ont su lui donner les *mots* en gardant pour eux les *choses*. Mais je ne sache pas que l'on ait jamais abusé dans un intérêt privé, plus ouvertement d'une désignation, qu'on le fait aujourd'hui, du mot *conservateur*.

Et cependant, s'il a pu être dans l'essence même des temps d'agitation et de transition, d'user d'illusions et d'abuser de presque tout, aujourd'hui qu'après 50 ans de révolution, nous sommes au milieu d'une paix profonde, nous avons le droit de réclamer le port. La nation française n'a plus besoin que de calmer ses élans, de remplacer les illusions par la raison, afin de se faire tout entière honnête, sérieuse, instruite, tout entière politique. Il lui faut, si je puis m'exprimer ainsi, rasseoir son caractère afin de l'unir intimement aux institutions qui ont été le but et le terme de tant d'agitations, afin d'en tirer le meilleur parti possible.

Ce n'est plus aujourd'hui le temps des illusions et des entraînemens, c'est celui des idées sérieuses et des réalités.

Voyons donc, Messieurs, les réalités qui se trouvent sous le couvert du mot *conservateur*.

Si *conservateur* veut dire quelque chose, c'est évidemment *conserver nos institutions*. C'est en effet la prétention publique du parti qui s'appelle ainsi.

Quelles sont ces institutions ? mais évidemment encore, ce me semble, celles qui ont été fondées en 1830.

La *lettre* de ces institutions, chacun la connaît : mais leur esprit, leur interprétation, voilà le terrain sur lequel les partis se divisent.

Eh bien, Messieurs, pour retrouver cet esprit primitif de nos institutions, qu'on prétend conserver, je veux me mettre en dehors de tous les partis, je ne veux recourir qu'aux documens les plus officiels, les plus irrécusables surtout pour les conservateurs d'aujourd'hui.

Eh qu'y a-t-il de plus officiel pour le gouvernement que les actes du gouvernement lui-même ? et pour l'application de notre loi électorale, par exemple, cette base de toutes nos libertés, qu'y a-t-il de plus irré-

cusable au point de vue gouvernemental, de plus intimement explicite,
qu'une circulaire d'un ministre de l'intérieur aux préfets au moment
des élections.

Eh bien, messieurs, voici ce qu'écrivait le 26 septembre 1830, (re-
marquez bien cette date) le ministre de l'intérieur au moment des
élections qui ont suivi la révolution de juillet :

« Un gouvernement national se fie à la France du choix de ses dépu-
» tés... assurer *l'entière liberté* des suffrages, en maintenant sévèrement
» l'ordre légal, voilà toute son ambition. Comme la Charte, les élec-
» tions désormais doivent être une *vérité*. (Mouvement.)

» Vous sentez, monsieur le préfet, que la plus scrupuleuse impar-
» tialité vous est imposée : le temps n'est pas éloigné où la puissance
» publique, se plaçant entre les intérêts et les consciences, s'efforçait
» de faire mentir le pays tout entier contre lui-même, et de le suborner
» comme un faux témoin. En dénaturant sa mission, en excédant ses
» droits, elle a compromis ainsi, même sa légitime influence. (Sensation.)

» Ce n'est que *par une réaction de justice, de probité, de modéra-
» tion* que l'administration peut acquérir *cette autorité morale* qui lui
» est si nécessaire et qui fait sa principale force. Il faut que les pou-
» voirs *s'honorent* pour *s'affermir* : ainsi, quelqu'importance que le
» gouvernement attache au résultat des élections, n'oubliez jamais
» qu'il l'attend avec trop de sécurité pour prétendre MÊME INDIRECTE-
» MENT *à le dominer :* (Très-bien.)

» Vous pouvez dire à tous quelle est la pensée du gouvernement il
» ne la cache NI NE L'IMPOSE : venu de la nation, il ne la redoute pas,
» il compte sur elle comme elle peut compter sur lui. » (Mouvement.
— Applaudisemens.)

Ce document, messieurs, vous paraît bien précis : par cela même
qu'il émane d'un ministre de l'intérieur il est bien officiel. Mais combien vous paraîtra - t - il plus important encore quand vous saurez le
nom de ce ministre de l'intérieur. Ce membre du cabinet de 1830,
messieurs, n'est autre que M. le président actuel du conseil des ministres, que M. Guizot, aujourd'hui le chef du parti qui s'appelle *conservateur.* (Profonde sensation.)

Que ressort - il, messieurs, de cette belle et précieuse circulaire ?
Comment le gouvernement, comment M. Guizot entendaient - ils alors
notre gouvernement représentatif ?

La révolution venait d'être faite parce que la royauté avait soutenu
jusqu'à la dernière extrémité un ministère que les chambres repous-
saient. Le premier principe de notre constitution incontestablement
établi par le fait même de la révolution de juillet, pour ceux qui en
étaient sortis, c'est donc, qu'un ministère ne peut gouverner le pays,
s'il n'a la majorité dans les chambres.

Le second principe également fondamental de nos institutions et qui
regarde la formation des chambres elles - mêmes, est bien clairement
établi dans la circulaire de M. le ministre de l'intérieur de 1830 ; le
voici textuellement :

« Un gouvernement national doit se fier à la France du choix de
» ses députés.

» Il doit assurer *l'entière* liberté des suffrages, et pour cela l'admi-
» nistration ne doit pas prétendre dominer, *même indirectement*, les
» élections : elle doit dire à tous, sa pensée, mais elle ne doit l'impo-
» ser à personne.

» Elle doit faire que désormais les élections soient, comme la charte,
» une vérité.

» Enfin, l'administration ne doit acquérir l'autorité morale qui lui
» est nécessaire, que par une réaction de justice, de probité, de modé-
» ration. »

C'est-à-dire :

1° La souveraineté de la nation s'exerce par l'organe de ses chambres légalement constituées, pour contrôler, juger les ministres. La couronne choisit les hommes, mais seulement dans les majorités parlementaires, et le pays juge souverainement leurs actes.

2° Pour l'expression de cette volonté du pays, tout citoyen appelé à y concourir doit conserver son entière liberté : d'où il résulte que tout vote légalement donné, toute opinion légalement exprimée, toute opposition constitutionnellement faite, étant un droit, toute recherche, toute punition pour ces faits légaux sont interdites au gouvernement.

Et enfin les partis et les citoyens exercent légalement, mais librement leur action constitutionnelle. Mais le gouvernement n'étant pas, ne pouvant être un parti, puisqu'il est la représentation de la nation entière, ne doit jamais intervenir avec la puissance et la fortune publique, et il doit rester en dehors de ces luttes, juste, impartial, paternel pour tous. (Applaudissemens.)

Voilà, messieurs, les grands principes, les vrais principes gravés en traits ineffaçables dans nos institutions, par la révolution de 1830, ces principes sont le terme vers lequel ont successivement conduit les souffrances qui devaient précéder l'enfantement d'une nouvelle société. Cette marche, constante comme celle du temps, irrésistible comme l'action intime des mœurs d'une nation, fatale comme la destinée des peuples, a pu être quelques instants détournée de son but par nos grandes guerres, comme par nos grandes calamités ; mais dès que le calme est revenu, elle a repris son cours solennel pour avancer toujours. Son but est le port et le salut pour la nation : il ne serait l'orage et la tempête que pour les imprudens qui oseraient se placer en travers pour l'empêcher de l'atteindre. — Vifs applaudissements.

Une fois qu'il est bien établi, Messieurs, que tel est l'esprit de notre constitution de 1830, telle que l'entendaient alors, les chambres, le gouvernement, et particulièrement M. Guizot, alors ministre de l'intérieur, aujourd'hui président du conseil, voyons si ces principes sont encore ceux du parti qui est au pouvoir et par conséquent, si ce parti a le droit de s'appeler parti conservateur.

Le premier principe établi par la révolution elle-même, c'est : « Un » ministère ne peut gouverner sans avoir la majorité dans les chambres. »

Oh ! pour celui-là nous le reconnaissons, il n'a pas été ouvertement violé : à côté de lui, la sanction pénale appliquée en 1830 aux derniers ministres de la restauration, l'a garanti. Mais nous allons voir qu'au lieu de heurter de front les chambres constituées, ce qui était franc, mais maladroit, on a pris le parti bien plus sûr de se composer à son gré des chambres dévouées, disciplinées, puis de marcher la tête haute en proclamant le triomphe des libertés publiques, et la vérité de nos institutions.

Passons donc aux principes posés par M. Guizot, ministre de l'intérieur en 1830, et relatifs à la formation de notre représentation.

« Un gouvernement national doit se fier à la France du choix de ses députés. »

A cette ligne d'une administration sûre de sa conscience, le parti aujourd'hui au pouvoir en a substitué une autre qu'il avoue du reste hautement : il prépare bien longtemps d'avance ses candidatures, non pas comme parti, ce qui est son droit, mais comme gouvernement, car il fait des hommes qu'il a choisis, le canal unique, obligé, de toute faveur, de toute justice même : il abdique entre leurs mains et la plupart du temps pour l'intérêt de leur candidature, l'emploi des ressources publiques, qu'il devait seul dispenser dans l'intérêt général.

Puis il impose ses choix non-seulement à ses adversaires, mais même à ses amis, et cela avec une telle rudesse, que si quelques-uns, sans quitter leur drapeau, songent à suivre leurs sympathies personnelles, ils sont à l'instant rejetés du giron dit conservateur, et foudroyés non plus même pour le crime d'*opposition*, mais pour celui d'*indicipline.* (Applaaudissemens.) Le mot est dix fois officiel, Messieurs, et c'est celui qui a remplacé celui de *confiance* que nous trouvions dans la circulaire ministérielle de 1830. Il est vrai de dire que dans cette circulaire , l'expression *confiance* s'appliquait à *un gouvernement national.* (Sensation.)

Et ces choix, Messieurs, la plupart du temps comment sont-ils faits ? comme, après des électeurs disciplinés on veut une chambre disciplinée, on a trouvé un moyen bien simple : non seulement on repousse tous ceux dont les opinions pourraient gêner, mais on écarte ceux dont l'intégrité et l'indépendance pourraient être redoutables, puis on choisit partout où on le peut des fonctionnaires amovibles auxquels on se hâte de dire : « Tout fonctionnaire doit faire un corps intime avec » l'administration , et si l'un d'eux donnait le scandale d'une seule » parole de blâme , d'un seul acte d'opposition , il serait à l'instant » brisé. » Et l'on a si bien poursuivi ce système , substitué à celui de *confiance,* qu'on a placé en 1846 plus de 200 fonctionnaires à la chambre, qui tout naturellement se trouve ainsi *disciplinée* à souhait.

Et ce n'est pas tout, Messieurs, quand le pays a prononcé, on pourrait penser que l'administration accepterait ses choix quels qu'ils soient, pour leur laisser la juste part d'influences qui revient aux élus du pays ; oh ! il n'en est pas ainsi ; si le député, si le conseiller général élu, n'est pas son candidat, l'administration n'en tient compte : c'est toujours ce dernier qu'elle prend pour intermédiaire, c'est toujours lui qu'elle consulte et dont elle suit les avis pour les intérêts de ceux qui n'en ont pas voulu pour représentant; (On rit.) l'élu, le véritable représentant, est privé de sa légitime influence, placé chaque jour, dans la plus fausse position et abreuvé de dégoûts qu'il ne peut surmonter qu'à l'aide d'une position indépendante et d'une fermeté de caractère bien à l'épreuve , conditions chaque jour plus rares, difficultés qui font trop souvent, hélas ! préférer aux hommes timides le rôle facile et doré de serviteur discipliné.

Je vous le demande, Messieurs, ces faits sont-ils discutables : ne sont-ils pas avoués par l'administration elle-même ; mais alors cette marche est-elle celle du ministre de l'intérieur de 1830, et le parti qui la suit peut-il s'appeler *conservateur ?* (Non, non.)

Poursuivons l'examen.

La circulaire du ministre de l'intérieur en 1830 portait : « Il doit » (le gouvernement national) assurer l'entière liberté des suffrages, et « pour cela l'administration ne doit pas prétendre dominer, *même in-* « *directement* les élections : elle doit dire à tous sa pensée, mais elle « ne doit l'imposer à personne. »

A ces garanties de nos libertés, les plus précieuses pour tous les électeurs sans exception, on a substitué d'abord pour tous les fonctionnaires grands et petits, salariés et gratuits, pour leurs parents et alliés, pour tout industriel, pour tout homme actif soumis à une surveillance quelconque, ce principe de dépendance, de solidarité qui attache à jamais chacun d'eux comme électeur pour toute place , pour tout avancement donné, à l'administration dont il dépend : ce principe n'est plus même caché, il est avoué hautement par le parti dit conservateur comme un axiome, je devrais dire comme un sophisme gouvernemental. Puis on a encore été plus loin ; on a dit à tous : « choi- « sissez de la paix ou de la guerre : il le faut , vous serez ou nos amis « disciplinés ou nos *ennemis,* nous céderons volontiers aux premiers, « nous serons intraitables pour les autres, car nous n'avons pas à « faire leurs affaires. » Puis une fois ces catégories formées , on a exigé de la part des dévoués une séparation complete avec les reprouvés, à tel point que nous avons entendu un ministre s'applaudir

à la tribune de ce qu'il avait reproché à un officier général de voir
souvent dans son intimité un de ses anciens amis devenu député de
l'opposition.

Cruelle tendance qui établit entre les citoyens une sorte de guerre
civile permanente !

Distinction immorale qui fait des uns, des amis auxquels la fortune
publique est offerte en curée, et des autres de vrais proscrits dans leur
propre pays !

Déplorable théorie qui étoufferait chez tout fonctionnaire au cœur
élevé qui aurait pu prendre au sérieux nos institutions, cette noble
ambition, cette salutaire émulation qui fait les hommes distingués !

Perfide sophisme qui ferait, des serviteurs du pays les serviteurs de
quelques hommes.

Politique rétrograde qui ferait de l'avancement le moins mérité, le
collier de misère qui attacherait pour toujours un nouveau serf à un
nouveau seigneur, et qui dépouillerait à jamais tout citoyen fonctionnaire de cette auréole de liberté politique que nous avions cru con-
quise à jamais pour tous les citoyens-français.

Coupable abus du pouvoir qui amènera lui-même sa juste punition
par le besoin de vengeance qu'il accumule dans le cœur des fonctionnaires pour toutes les humiliations qu'ils ont eu à endurer, pour tous
les actes contraires à leur conscience que nous leur voyons chaque
jour exécuter les larmes aux yeux. (applaudissements.)

Je vous le demande, messieurs, cette marche est-elle celle tracée
à l'administration par le ministre de l'interieur de 1830, et le parti
qui la suit peut-il s'appeler *conservateur.* (Non ! non.)

Continuons : M. Guizot écrivait en 1830. « Le gouvernement doit
» faire que les élections soient comme la charte, une vérité.

Après tout ce que nous venons de dire, est-il nécessaire de répéter
que chaque jour la charte est violée, et les élections faussées, mais
puisque chaque ville importante a aujourd'hui sa manifestation,
pourquoi ne dirions-nous pas, ici même, quelques mots de ce qui se
passe chez nous, et pourquoi n'ajouterions nous pas un dernier trait
à la manière dont nos conservateurs entendent ici la vérité des élections. Oh ! c'est ici qu'ils ont sans doute mérité la palme pour leur
adresse à inventer des moyens de reconnaître en détail chaque suffrage ; par leur courage, (car il en fallait vraiment, de ce courage qui leur
est propre) par leur courage dis-je à reclamer, à exiger la lecture des
bulletins entiers, tout entiers, quand l'opposition, elle, demandait le
silence pour toute désignation inutile. Oh ! ils sont dignes d'être cités
parmi les notabilités de leur parti, les conservateurs de ce pays, et
pour peu que vous ayez avec eux quelque conversation un peu intime,
ils vous diront gravement que ces petits moyens d'éluder nos lois
fondamentales, ces véritables fraudes criminelles sont les conséquences
naturelles de nos institutions et sont passés dans nos mœurs politiques.

Et n'avons-nous pas entendu chaque jour les organes du parti qui
gouverne, un ministre lui-même, ne trouver d'autre excuse à ces faits
comme à tant d'autres, que celle-ci : « Mais sommes-nous les seuls à
employer de tels moyens et les autres partis n'en font-ils pas autant ? »

Comme si les partis avaient la même responsabilité que l'administration ; comme si le premier devoir pour elle n'était pas de poursuivre
toute illégalité, quelque soit le coupable ; et encore comme si des
criminels deviendraient innocens parcequ'ils auraient beaucoup de
complices, et des voleurs devraient être absous parce que, pour le
malheur du pays, ils auraient pu dire à un des chefs de notre magistrature : « Comme moi vous êtes coupables, comme moi vous avez volé. »
(Profonde sensation)

Oh ! je vous le demande, Messieurs, sont-ce là les doctrines du ministre de l'intérieur de 1830, et le parti qui les propage peut-il s'appeler

conservateur ? (Non.)

Enfin, « l'administration ne doit acquérir l'autorité morale qui lui
» est nécessaire que par une réaction de justice, de probité et de mo-
» dération. »

Oui, Messieurs, c'est là ce que nous voudrions, car nous ne sommes
pas, nous ne voulons jamais être des désorganisateurs, quoiqu'on en
dise, en exploitant contre nous la peur, cette arme usuelle du parti
conservateur. Eh ! n'avons-nous pas tous besoin que l'administration
substitue par son exemple dans nos populations, les idées de droit, de
devoir civil, de justice, d'intérêt général, aux idées de faveur et d'in-
dividualisme qui ont si long-temps régné chez elle. Mais, hélas, est-ce
ainsi qu'elle a fait? après les moyens employés pour préparer les élections, après les classifications suivant les votes, sont venues les réactions. Ainsi nous avons vu les nominations pour les uns, les destitutions
pour les autres ; les secours communaux prodigués aux uns, refusés
aux autres ; les routes, les chemins scandaleusement créés, plus scandaleusement encore détournés pour des serviteurs actifs et disciplinés,
au détriment de communes, de cantons entiers surchargés ensuite pour
payer les frais de démarches souvent coupables et que la justice aurait
dû poursuivre; de telle sorte que chaque route, chaque pont, chaque
bienfait matériel devient un monument de corruption, un appât sans
cesse présenté aux mauvaises passions.

Par une adroite combinaison, les dernières élections avaient été
placées au moment même du renouvellement des maires et des ad-
joints. Oh, comme l'administration a bien employé cette ressource électorale ! avant, comme après, elle lui a bien servi de récompense ou de
punition.

Ce n'est point dans les arrondissements où il existe une grande
majorité dans un sens ou dans l'autre qu'on peut bien juger des ex-
trémités auxquelles se sont portés les conservateurs qui gouvernent
aujourd'hui. C'est dans les pays ou la lutte est vive qu'il faut les apprécier.

Là, Messieurs, les mairies, cette paternelle institution, bien plus importante qu'on ne le pense généralement, pour les campagnes auxquelles on songe si peu, bien plus difficiles à bien exercer qu'on ne le
croit d'abord, et qui devraient toujours être confiées au plus capable
et au plus estimé, car elles ne peuvent faire le bien qu'à l'aide de cette
influence personnelle du maire, les mairies, dis-je, ont partout été
bouleversées, et données soit en vue de récompenses électorales, soit
en vue de tourmenter, pour faire plier des résistances.

Ainsi nous avons vu un homme instruit, estimé de tous, déjà haut
placé, surtout dans l'échelle sociale des campagnes, un notaire autrefois nommé maire avec empressement dès qu'il avait consenti à accep-
ter, remplacé après les élections par..... par son jardinier.... (Mouvement). — Attendez, Messieurs ! qui avait été renvoyé quelques jours
auparavant pour inconduite d'une honorable maison, de celle d'un
de nos conseillers généraux et aussi que depuis l'on a vu dans une
distribution du bureau de bienfaisance aux indigents, après avoir donné à son fils, porté sur la liste des pauvres, la part qui lui avait été
allouée, lui donner encore, de son propre chef, une portion de pain
qui restait en trop.

Nous avons vu encore un maire, félicité jusque-là bien des fois par
l'administration pour son activité pendant 12 ans d'exercice, n'être
plus jugé digne de l'être, parceque...... parceque ses concitoyens
l'avaient nommé membre du conseil général quelques heures avant
celle arrêtée par l'administration. (Sensation.)

Voilà, Messieurs, les misères auxquelles le pouvoir nous condamne,
nous les amis sincères de l'ordre et de la dignité gouvernementale.

Voilà les hommes qu'il choisit et ceux qu'il repousse.

Je vous le demande, Messieurs, je le demande aux hommes intelligens et honnêtes de tous les partis, est-ce là une réaction de justice, de probité, de modération? Ou n'est-ce pas plutôt une prime aux mauvaises passions populaires, une sorte de guerre civile suscitée jusque dans le fond de nos communes, une politique irritante au dernier degré, et qu'un des chefs les plus éminens de l'ancien parti conservateur a qualifié si énergiquement de *politique à outrance*. (Applaudissements.)

Je vous le demande surtout, ces faits que nul ici ne pourrait récuser, et qui se sont reproduits dans presque toute la France, sont-ils la marche indiquée par M. Guizot dans sa circulaire de 1830, et le parti dont il est le chef et qui suit cette voie en 1847 ne se joue-t-il pas du pays en s'appelant *conservateur*. (Oui, oui.)

Ce nom ne lui appartient point, Messieurs; brisons donc l'illusion, levons le masque qui abuse tant d'honnêtes gens, et donnons à ce parti le nom, le vrai nom qui lui convienne: *démolisseurs de nos institutions.* (Bien, très bien.)

Mais, Messieurs, loin de moi cette intolérance qui fait repousser, injurier toute opinion loyale qui ne serait pas la mienne: je comprends que des hommes sérieux, préoccupés des tendances démocratiques, profondément impressionnés des souvenirs d'une autre époque et d'autres mœurs, veuillent légalement, constitutionnellement, ramener le pays vers un ordre de choses plus monarchique: je crois qu'ils se trompent parceque ce n'est pas une fantaisie nationale, qu'ils tentent d'arrêter, mais bien la conséquence forcée des mœurs profondément enracinées chez nous aujourd'hui ; je crois que toute résistance ne fera qu'amener une réaction: et je pense que plus la corde sera tendue, plus loin le trait sera lancé. Mais enfin ils seraient dans leur droit, et je le respecterais : je n'ai point le temps aujourd'hui de discuter leur politique ; mais ce que je veux leur dire aujourd'hui, c'est qu'ils devraient loyalement combattre, en se montrant à découvert, en levant franchement leur drapeau, et en cessant de s'affubler d'une devise trompeuse qui n'est pas la leur.

Eh mon Dieu, lorsque Napoléon, enfant de la République a fait succéder au pouvoir le plus populaire qui fut jamais, le joug impérial et même une noblesse nouvelle, il n'a point caché sa main de fer sous un gantelet hypocrite, et cependant malgré la perte de toutes ses libertés, tant que le pays s'appellera *France* il tressaillera d'orgueil et d'enthousiasme au souvenir de son Empereur. (Applaudissements.)

C'est qu'il fallait fatalement pour ce temps là une dictature ; c'est surtout que le dictateur a levé bien haut son drapeau qu'il a couvert de gloire.

Eh bien ! vous, pouvoir d'aujourd'hui qui évidemment pour tout observateur sérieux, voulez aussi changer nos institutions dans leur essence même, dites le donc, discutez ouvertement vos idées, et peut-être convaincrez-vous.

Mais vous venez chaque jour nous jeter en hochets comme à de grands enfants, les mots de conservateur, de politique conservatrice, que chacun de vos actes dément : Vous venez plus que jamais nous parler de liberté, de vérité dans nos institutions, alors que vous étreignez la nation dépouillée dans un réseau de fausse légalité.

Mais vous, mais vos journaux, vous exploitez sans cesse la peur, toujours la peur, pour rallier à vous tous les hommes timides, et pour stigmatiser comme dangereux, les hommes qui ont confiance dans l'esprit, et dans la force du pays.

Mais vous oubliez donc que vous commencez à avoir affaire à nous, génération nouvelle, qui juge froidement nos révolutions parcequ'elles sont pour elle déjà de l'histoire, et qu'ils savent faire la part des temps, et des mœurs ; génération nouvelle plus sérieuse plus réfléchie que celle qu'elle va remplacer, et qui aime qui *veut* ces institutions au milieu desquelles elle a grandi. (Applaudissements.)

Vous ne voyez donc pas que plus que qui que ce soit vous donnez chaque jour devant le pays, raison au parti extrême qui dans un sens opposé attaque aussi notre organisation politique, parce qu'il pense et dit , pesez bien ceci : que jamais, les monarchies n'accepteront sincèrement, et ne respecterout loyalement les libertés des peuples.

Imprudens, audacieux que vous êtes : vous déconsidérez nos institutions par vos exemples , vous les sapez, par vos actes, et vous vous appelez conservateurs ! (Applaudissements.)

Quant à nous, messieurs, nous voulons sincèrement maintenir pour le pays *la monarchie constitutionnelle* : parceque nous croyons cette forme de gouvernement dans nos mœurs, et surtout , surtout parceque nous la croyons une nécessité de notre position géographique, entourés comme nous le sommes de monarchies puissantes, immuables, en face desquelles il nous faut toujours un gouvernement établi sans crise régulière dans sa base elle-même.

Mais cette monarchie constitutionnelle , nous la voulons avec la réalité, la sincérité des droits publics consacrés pour les citoyens, par la charte de 1830. (Applaudissements.)

Voilà pourquoi, Messieurs , j'ai cessé pour ma part d'être avec ceux qui se disent aujourd'hui conservateurs et que je regarde comme les démolisseurs de nos constitutions.

Voilà pourquoi je vous propose un toast *aux vrais principes conservateurs.* (Applaudissements.)

M. CORNE , ancien député , président du tribunal civil de Douai.

Une immense acclamation , longtemps prolongée, salue l'orateur à la tribune.

A l'indépendance des Électeurs.

Messieurs,

Sous les institutions représentatives, c'est le corps électoral qui est chargé de donner une forme et comme une personnification au grand principe de la souveraineté nationale , de lui donner le mouvement et la vie. Que le corps électoral , selon les lois les plus démocratiques, repose sur une base immense, ou qu'il soit au contraire, comme de nos jours, rétréci par d'injustes défiances aux plus insuffisantes proportions, le corps électoral , centre et foyer de la vie publique , est partout destiné à exercer une influence énorme sur la destinée d'un peuple. — Bravos.

Ses idées, ses sentiments, ses mœurs honnêtes ou vénales, son attitude vis-à-vis du pouvoir, indépendante ou servile, décident de tout, et à un moment donné, sauvent ou perdent une nation. — Très bien.

C'est-là le secret, Messieurs, de nos vœux si ardens, de nos persévérans efforts en faveur de la réforme. Voilà pourquoi, nous qui aimons notre pays, nous nous tournons avec tant de sollicitude vers les citoyens qui composent aujourd'hui le corps électoral ou qui viendront bientôt compléter ses cadres ; voilà pourquoi nous les adjurons en toute circonstance de tenir leurs idées et leurs mœurs, de tenir leur âme à la hauteur de leur mission si belle , mais qui entraîne une si grave responsabilité. — Applaudissemens.

En effet, Messieurs, bien misérable d'esprit et de cœur est celui qui, désigné par la loi avec quelques milliers d'autres, pour exercer, comme membre du corps électoral, tout ce qu'une grande nation a retenu de sa souveraineté, ne voit dans cette haute délégation qu'un monopole à son profit singulier, n'y voit que sa mesquine personnalité, avec ses craintes et ses espérances. — Bravos.

« Quoi ! (pourrions-nous dire à de tels hommes toujours courbés devant le pouvoir, soit qu'il les menace, soit qu'il les marchande , « quoi ! dans une immense nation vous avez été choisis par quelques-un) parmi des millions d'hommes, vous avez été choisis, comme si vous étiez l'élite de cette nation ; la loi vous a présumés les plus éclairés, les plus droits, les plus honnêtes, les meilleurs citoyens en un mot ; et vous croyez que votre voix, comme électeur, n'appartient qu'à vous seuls, qu'elle est pour vous comme un domaine et que vous n'en devez compte à personne ! — Non, non.

Chacun de vous quand vous entrez au collége électoral par le privilége du cens , laisse à la porte de ce collége deux cents de vos concitoyens qui sont présumés avoir fait abnégation en votre faveur de leur part de souveraineté ; et vous croyez qu'il vous est libre de faire de votre suffrage, non une œuvre de bien public, un acte de bon citoyen, mais un acte de complaisance ou une bonne affaire pour vous et les vôtres, sans nul soucis des intérêts de votre pays ! — Vive approbation.

Oh ! sans doute, tout le premier je réclame l'indépendance de l'électeur, j'appelle forfaiture tout acte du pouvoir qui tend à interposer une force ou un calcul quelconque entre la conviction de l'électeur et son suffrage ; mais l'indépendance n'est pas l'irresponsabilité. Devant le scrutin chaque électeur est maître de son vote, mais il en répond au fond de sa conscience ; son vote lui appartient, mais comme au soldat son épée dont il doit compte à la patrie, mais comme au juge sa justice dont il doit compte à Dieu. — Acclamations.

Et quand des hommes qui d'ailleurs se disent et se croient honorables, oublient ces plus simples notions de l'honnêteté politique, quand on les voit trafiquer de ce qui n'est qu'un dépôt dans leurs mains, prostituer au service de leurs intérêts, leur royauté d'emprunt, la délégation de la souveraineté nationale, oh ! alors il faut déplorer leur étrange perversion de la conscience privée, et de la conscience publique aussi, trop indulgente pour ces indignes désertions du devoir. — Bravos, bravos.

Messieurs, je ne flatte pas les citoyens et je fais bien large, leur part de responsabilité quand par leur faiblesse ou leur dépravation, ils ont permis que les institutions fussent faussées et mises en périls, mais je sais remonter plus haut, et c'est au pouvoir, que je demande le compte le plus sévère, car c'est de lui que le mal est venu : il n'a pas créé sans doute les passions égoïstes, mais il leur a donné l'aliment et l'excitation qui ont produit les ravages que nous avons vus. A la suite d'une révolution, chez un peuple vif, impressionnable, habitué à porter ses regards et à prendre ses exemples en haut, la puissance des gouvernans pour le bien comme pour le mal était énorme, ils pouvaient aisément relever chez nous les sentiments et les doctrines, mettre en honneur la probité politique, nous donner les mœurs d'un peuple libre. C'était leur grande mission. C'était leur premier devoir. Ce devoir, comment l'ont-ils rempli ? Eh ! ne sont-ils donc pour rien dans ce débordement de morale cynique, et de matérialisme qui sera longtemps le stygmate de notre époque, ces hommes, placés à la tête d'une grande nation et qui sut résumer tout leur dogme politique par ces mots jetés du haut du pouvoir et du haut de la tribune aux citoyens de toutes les classes : « Enrichissez-vous. » — Bravos, bravos.

Issus d'une révolution démocratique, ne devaient-ils pas plus de respect à ce qui fait l'essence de la démocratie même, à cette médiocrité modeste à laquelle nous sommes incessamment ramenés par nos institutions, par notre immortel code civil, cet évangile de l'égalité ? oin de là, autant qu'ils l'ont pu ils ont profané cette sainte pauvreté itoyens ; ils ont étalé devant elle toutes les séductions, tout l'or get, au risque de faire d'un noble peuple, comme on l'a dit, ce qu'il y a de plus abject au monde , une démocratie mendiante. — Applaudissemens énergiques.

A peine venaient de tomber une foule de généreux martyrs morts pour la *vérité* des institutions, que ces hommes occupaient déja les hautes régions du pouvoir ; la *vérité* devint leur devise aussi ; c'était le mot qui sortait sans cesse de leur bouche ; ils l'inscrivaient partout comme leur programme, comme la promesse d'un meilleur avenir; jamais personne, mieux que le ministre de l'intérieur en 1830, ne rappela aux agents du pouvoir le respect dû à l'indépendance de l'électeur, à la *vérité* des élections, et quand un honorable orateur vous citait tout à l'heure les paroles de ce ministre, vous vous sentiez disposés à les couvrir de vos applaudissemens, tant elles sont honnêtes, tant elles respirent une vertueuse indignation contre les menées corruptrices du pouvoir, contre les insultes à l'indépendance des électeurs. — Bravos, bravos.

Mais les actes ont bien démenti les paroles. Ces hommes de *vérité*, de *probité politique* vous les avez vus à l'œuvre aux élections de 1842 et de 1846!... Ce spectacle vous l'avez vu comme moi, épargnez-moi le dégout de le qualifier, mais ce spectacle l'Europe aussi l'a vu, et les peuples courbés sous l'absolutisme le plus dur, ces peuples dont nous étions la lumière, l'espoir, l'orgueil même, au nom des progrès de la raison humaine, ils sont bien près de nous dire : « Laissez-nous nos maîtres et le régime du bon plaisir; nous n'avons que faire de vos institutions menteuses ; mieux vaut la franchise du despotisme que l'hypocrisie de la liberté. » (Applaudissemens.)

Mais enfin, en présence des promesses violées, des mœurs abaissées, des institutions compromises, notre pensée, notre dessein, notre but, à nous, quels sont-ils? — Nous pouvons les avouer hautement. Ils sont de reconquérir pied à pied tout le terrain perdu, de le reconquérir par la force morale, par les moyens légaux, par le cri de réforme incessamment poussé, par un appel incessant à l'énergie, à la constance, à l'union des bons citoyens, de tous ceux qui, même sous des drapeaux différens, veulent sincèrement la liberté et la grandeur de leur pays. (Acclamation.)

« Illusions ! illusions ! » nous crient quelques citoyens trop profondément attristés et découragés.

Illusions, Messieurs ?.. non. Après 17 ans d'épreuves de tout genre le temps des illusions est passé pour tout le monde. Nous voyons clairement les difficultés de la route et la grandeur des obstacles qui s'interposent entre le but et nous; mais nous avons une foi sincère, une foi profonde dans la légitimité de notre cause ; nous avons confiance dans les instincts si nets et si droits de notre pays. Non. Ce ne sera jamais une chimère, en France moins que partout ailleurs, que de combattre, forts de la vérité, forts du droit d'une nation, que de combattre pour la fidélité aux promesses, pour la moralité dans le pouvoir, pour la sainteté des lois. Eh ! d'ailleurs n'y a-t-il pas, audessus de tout le mauvais vouloir des hommes, une sagesse providentielle qui ne laisse jamais stérile aucun dévouement à ce qui est vrai, juste et honorable ? (Bravos prolongés.)

Et puis (c'est par cette considération que je termine), n'est-ce donc rien chez un peuple qui a reconquis, quoiqu'on fasse, sa souveraineté, qui doit apprendre à en revendiquer les applications, à en user dignement, n'est-ce donc rien que cette éducation civique qu'il se donne à lui-même, ce peuple, alors que chaque jour il s'éveille avec le souci de ses libertés, de son honneur et de ses devoirs ; alors aussi que dans la pratique laborieuse de la vie publique, il ne laisse aucun droit sans l'exercer, aucune immoralité sans la flétrir, aucune déviation dans les institutions, sans réclamer des réformes, aucune violation des lois sans jeter le cri d'alarme ? (Applaudissemens.)

Les mœurs, MM., les mœurs politiques, voilà ce qui, mieux que les institutions mêmes, fait un peuple libre. Les belles formes de gouvernement ont toujours moins manqué que les bons citoyens capables de s'y attacher résolument et de se dévouer pour les défendre. Nous aimons notre pays ; servons le donc comme il demande avant tout d'être servi, donnons-lui, nous le pouvons dès maintenant, donnons lui les bonnes mœurs de la démocratie, le zèle pour la chose publique, la simplicité de cœur, l'activité de l'esprit, la religion du devoir, l'abnégation au besoin, la vérité et la justice toujours. Appuyons-nous d'abord sur cette base inébranlable, les bonnes mœurs de la démocratie : et nous serons bien forts pour soutenir la lutte en faveur des réformes dans la sphère des lois politiques : nous serons bien forts pour faire justice des hommes du pouvoir qui nous les refusent avec obstination, ces réformes après les avoir rendues profondément nécessaires par leurs détestables pratiques de gouvernement. (Très bien ! bravos ! bravo !)

Soyons aussi reconnaissant, Messieurs, envers ceux qui ont puissamment et courageusement suivi la cause des libertés et des mœurs politiques. Je vois ici d'honorables vétérans de la presse qui n'ont cessé de combattre, même de souffrir pour tous les droits que nous défendons pour tous les progrès que nous réclamons. Avant de descendre de la tribune, permettez que je porte un toast A LA PRESSE ! à la presse par les efforts de laquelle nous avons conquis les institutions de 1830, et dont l'énergique persévérance poursuit avec nous les conséquences légitimes de ces institutions.

M. V. LELEUX, rédacteur en chef de l'*Echo du Nord* a répondu au nom de la presse.

Messieurs,

Après les brillants et patriotiques discours que vous venez d'entendre, et que vous avez si judicieusement, si chaleureusement applaudis, il doit sembler téméraire à un simple citoyen qui n'a d'autre titre à votre considération que son dévoûment à la chose publique d'affronter cette tribune qui, tout à l'heure, retentissait de si nobles et de si généreux sentiments .. Mais on a porté un toste à la Presse indépendante, et l'on a pensé que c'était à un vétéran de cette courageuse armée d'écrivains qui, sous la Restauration, a si vaillamment combattu pour la Liberté, de répondre à cette manifestation ; dès lors, j'ai mis de côté tout scrupule personnel et accepté une tâche que mes forces trahiront peut-être, mais que mon zèle m'aidera à remplir. — Très-bien.

On a dit et répété fort souvent que la Presse était le quatrième pouvoir de l'Etat. Cette définition n'est point parfaitement juste : l'action de la Presse est plus grande et s'étend plus loin. Les pouvoirs d'un état n'agissent que sur le pays auquel ils appartiennent ; la Presse libre embrasse le globe entier. Les vérités qu'elle dévoile, les erreurs qu'elle combat, les idées qu'elle élabore, son labeur de chaque jour en faveur des lumières et de la liberté, tout profite à l'universalité du monde. Son effet, pour ne pas être immédiatement remarqué, n'en est ni moins efficace ni moins sûr. Chaque idée utile révélée à la société s'étend et se développe tôt ou tard à son profit : c'est la semence, confiée à la terre, que le temps fait germer, grandir et porter fruit. Oui, telles sont la puissance et l'action de la Presse, lorsqu'elle est dirigée dans des voies libérales et humanitaires. — Approbation.

L'invention de l'imprimerie est la plus importante des temps modernes. L'esprit humain qui, depuis quinze siècles, avait toujours été s'abrutissant et s'avilissant, s'est arrêté alors dans sa marche funeste et ce temps d'arrêt marque le commencement d'une ère nouvelle de progrès et de civilisation. Les pouvoirs sociaux qui tenaient les hommes sous le double joug de l'ignorance et de la superstition, afin de les mieux asservir, pressentirent de bonne heure les effets immenses que la découverte de Guttenberg devait avoir sur les esprits ; aussi employèrent-ils tous les moyens dont ils pouvaient disposer pour la proscrire, pour l'anéantir même s'il était possible ; mais leurs efforts furent impuissants : le *fiat lux* avait été prononcé, le flambeau de l'esprit humain s'était allumé, il allait éclairer le monde et projeter ses rayons brûlans sur l'antre ténébreux du fanatisme et de la tyrannie.

Il faut le répéter souvent, du moment que les sociétés s'éclairent, que les hommes rentrent dans leur dignité, les pouvoirs fondés sur l'ignorance et l'erreur doivent disparaître ou se modifier.

Or, c'est là une nécesssité à laquelle ils se résignent difficilement ; il n'est pas dans leur nature de céder sans combattre. De là les persécutions de tous genres que les premiers imprimeurs eurent à souffrir ; — de là les entraves sans nombre mises au développement de l'imprimerie dans tous les états où elle n'était pas entièrement proscrite ; — de là enfin les luttes terribles que, depuis quatre siècles, la presse soutient contre les oppresseurs du genre humain.

Et, chose pénible à dire ! mais chose que l'histoire a constatée, c'est un roi de France, salué par la courtisannerie du titre de Protecteur des Lettres, qui se distingua entre tous parmi les persécuteurs de la pensée / il craignait, l'insensé ! qu'on ne divulguât le scandale de ses amours, les prodigalités de son faste, et l'éclat de ses défaites. J'ai nommé François 1er. — Bien ! c'est vrai.

Cependant que faisait la presse au milieu des tribulations qu'on lui suscitait de toutes parts ?— Traînant péniblement ses entraves, mais sûre de sa puissance, elle n'en marchait pas moins à la conquête du monde intellectuel,

A sa voix, les grands hommes de l'antiquité, inconnus aux peuples ou connus seulement par de vagues traditions, sortaient tout entiers de leurs tombeaux et, leurs chefs-d'œuvre à la main, répandaient sur l'Europe un immense faisceau de lumière. Poëtes, orateurs, philosophes, historiens, tous apportaient de nouveau au monde étonné les grandes conceptions de leur génie civilisateur jusque là ensevelies dans l'obcurité de quelques cloîtres et n'en sortant, de loin en loin, que mutilées, amoindries, dénaturées par la censure ombrageuse de l'esprit sacerdotal. L'imprimerie les avait produites au grand jour.

A ceux qui nieraient la salutaire influence de la presse sur la civilisation moderne, il suffirait de montrer dans sa spendeur philosophique ce grand seizième siècle s'élevant tout à coup par la seule impulsion récemment donnée aux esprits, s'élevant dis-je à la hauteur des plus beaux temps de l'intelligence humaine. Alors on ose tout, on tente tout, on discute tout ; pouvoir civil, pouvoir religieux, théories, usages, traditions, droits des peuples tout est soumis à l'examen réfléchi de la raison et passé au creuset d'une analyse aussi rigoureuse que hardie. Cette époque est l'une des plus belles de l'histoire. N'oublions pas qu'elle fut le premier produit de la liberté de discussion. — Très-bien.

Jamais l'avénement de la démocratie ne fut plus près de sa réalisation : quelques pas en avant, un Luther politique, et l'Europe presqu'entière pouvait devenir républicaine comme elle est devenue protestante.

Le travail politique de la presse, quelque temps suspendu en France, sous le despotisme brillant de Louis XIV, reprit une activité nouvelle dès le commencement du 18e siècle. — Montesquieu, Rousseau, d'Alembert, Diderot et, au-dessus d'eux tous, Voltaire lui communiquèrent une ardeur qu'il n'avait point eu jusque-là, et, quand éclata l'héroïque révolution de 89, tous les esprits se trouvèrent mûrs pour l'opérer. — L'action incessante de la presse avait percé l'épaisse croûte d'ignorance, dont le despotisme entourait l'intelligence des peuples ; les principes de liberté, d'égalité, de fraternité s'étaient infiltrés dans toutes les âmes, comme une eau pure échappée de sa source s'infiltre à travers les couches du rocher. — Applaudissements.

N'hésitons pas à le dire, la presse a eu sa large part aux deux grandes phases révolutionnaires accomplies sous nos yeux en quarante années ; 89 et 1830 sont en partie son ouvrage, et, si l'on peut ainsi parler, ce sont les coups répétés de ce bélier formidable qui démolirent la Bastille et brisèrent le trône de Charles X.

La presse eût brisé de même le despotisme impérial sans doute, si celui-ci lui eût laissé quelque facilité d'action ; mais Napoléon, dès l'origine de sa puissance, l'étreignit de sa main de fer, la chargea de mille liens. — Il n'en pouvait être autrement ; car déjà il méditait le despotisme, et ne devait point laisser debout une institution qui aurait pu le combattre et même l'arrêter dans ses projets.

Oui, si c'est le propre du despotisme d'enchaîner toute liberté, celle d'écrire est toujours la première qu'il frappe, car elle est ou doit devenir la source de toutes les autres. Aussi a-t-on remarqué que chaque fois que le pouvoir tend à sortir des voies légales, il commence par mettre obstacle à l'exercice du droit d'écrire, par comprimer les organes de la publicité ; de sorte que l'on peut juger du degré de liberté dont jouit un peuple par le plus ou moins d'indépendance laissée aux écrivains. — C'est vrai.

Napoléon la leur ravit tout entière, et ce fut un des torts de ce puissant monarque que d'avoir empêché la vérité de parvenir jusqu'à lui. Ce que les valets titrés qui l'entouraient n'osaient lui dire, la presse indépendante le lui aurait appris ; il eut connu par elle la réprobation universelle dont son gouvernement était l'objet ; la condamnation de ses guerres sanglantes, faites dans un but purement dynastique ; enfin, les souffrances du peuple et l'état de l'opinion ; — il eut trouvé en elle, au lieu d'imprudents amis, des conseillers désintéressés, et peut-être, mieux éclairé, eut-il évité la terrible catastrophe qui mit fin à son pouvoir et à son existence. — L'exil à Sainte-Hélène fut une vengeance pour les ennemis de Napoléon : Nous, Français, nous devons y voir encore une expiation de ses attentats contre la liberté.

Il y a loin de l'Empire au temps présent. Franchissons l'espace et voyons ce qu'est aujourd'hui la presse dans le pays.

Le droit d'exprimer et de publier librement ses opinions est garanti à tous les citoyens par la Charte constitutionnelle ; mais ce droit n'est-il pas un vain mot ? cette garantie n'est-elle pas illusoire ?

Examinons.

Des lois restrictives tellement violentes qu'on les attache comme une sorte d'infamie au nom de ceux qui les ont votées, n'enchaînent-elles pas l'essor de toute pensée franche et indépendante ? Et, comme si ces lois odieuses ne suffisaient pas, ne leur a-t-on pas donné des développements plus odieux encore ?

N'avons-nous pas, comme supplément, la *Complicité morale*, appliquée avec une rigueur inouïe dans un procès célèbre ?

La jurisprudence Bourdeau qui enlève à l'écrivain le droit, consacré par la loi fondamentale, d'être jugé par le jury ?

La jurisprudence Dessaigne qui ne tend à rien moins qu'à priver les électeurs de la faculté de discuter les titres d'un candidat à la députation ?

La jurisprudence Lacy dont l'effet immédiat est l'anéantissement de toute critique littéraire ?

Est-ce tout ? — Non. — On rit.

Nous avons encore le *délit d'intention* tout récemment imputé à un journal d'une localité voisine, et qui déjà serait passé dans le Code criminel sans l'intervention d'une haute magistrature.

Enfin, ne possédons-nous pas dans l'arsenal judiciaire un luxe d'emprisonnement, d'amendes, de dommages-intérêts, etc., rendu effrayant par l'application qu'en font chaque jour les tribunaux ?

« Voilà, disait-il y a peu de jours un publiciste éclairé, voilà
» l'état de la presse en 1847, après de longues périodes de paix au
» dehors et de repos au dedans, sous un gouvernement issu d'une
» révolution faite dans l'intérêt de toutes nos libertés. Avons-nous
» à insister sur ce qu'il y a de déplorable et d'étrange dans un pa-
» reil résultat ? Est-il nécessaire de dire que plus que jamais l'in-
» dépendance des journaux est utile au pays ? A aucune époque,
» en effet, la presse n'a eu à remplir une mission plus grave et
» plus nécessaire. Dans sa lutte journalière contre une politique
» corruptrice, elle est la sentinelle avancée de l'opinion publique,
» et quelles que soient les entraves dont on a essayé de la garrot-
» ter, on peut être sûr qu'elle ne faillira pas à son devoir. »

Cette assurance, messieurs, je la renouvelle au nom de tous les écrivains indépendants : n'ont-ils pas été les premiers à signaler et à combattre la corruption, à provoquer, à applaudir les réunions qui, comme celle-ci, ont pour objet de flétrir cet affreux système qui tend à détruire dans les âmes tous les sentimens généreux, pour y substituer le culte du veau d'or et des intérêts matériels.

Oui, tous tant que nous sommes, ouvriers laborieux de la presse politique et libérale, nous nous joignons à vous pour solliciter la réforme électorale et parlementaire qui paraît aujourd'hui le seul remède à la plaie sociale qui ronge la France au cœur.

Tous les mauvais gouvernements ont révélé leur aversion pour la presse par des actes de violence ou par des actes de perfidie ; nos ministres actuels emploient contre elle ces deux moyens à la fois.

Nous saurons résister à l'oppression et déconcerter la ruse ; mais à cette condition seule, que vous unirez vos forces aux notres ; que vous nous soutiendrez par vos sympathies avouées, dans l'accom-plissement de la tâche difficile que nous accomplissons, comme interprètes, défenseurs et prophètes du peuple. — Oui, bravo.

La route tracée par la Presse dans l'histoire est un long sillon de sang entrecoupé par des Bastilles ; mais la reconnaissance nationale a toujours ravi aux martyrs jusqu'au sentiment de leurs douleurs. Nos pères ne nous ont laissé que l'héritage de leurs souffrances ; nous ne le répudierons pas ; Dieu aidant, nous aurons pour com-battre la force et la constance qu'ont déployées nos prédécesseurs ; nous parlerons sans crainte, parce que c'est au nom de la France ; nous serons jusqu'au bout vos sentinelles avancées ; à ce titre, nous recevrons les premiers coups, mais ne nous laissez pas tomber sans sortir de vos lignes. Nous sommes les défenseurs de la liberté, chargés de faire capituler les défenseurs de l'absolutisme et du monopole. Si l'ennemi tire sur vos parlementaires, c'est au corps d'armée à marcher à son tour et à les venger !

Aidez-nous, la Presse vous aidera.

A LA PRESSE INDÉPENDANTE !

M. Leleux descend de la tribune au milieu des applaudissements et aux cris de l'assemblée : Oui, comptez sur nous tous.

M. J. Piéron, fabricant de sucre à Avion.

*A l'Agriculture et à la diminution des impôts et des
charges qui ralentissent ses progrès.*

Messieurs,

L'agriculture est de toutes les industries la plus utile, et celle qui contribue de la manière la plus heureuse à la moralisation et à la richesse du pays. (C'est vrai, c'est vrai.)

C'est que l'agriculture, Messieurs, a seule le beau privilège de don-ner du travail, à 25 millions de français, et d'améliorer ainsi le sort du pauvre.

L'agriculture, avec une population toujours croissante, ne peut rester stationnaire, ses progrès seuls peuvent nous préserver de ces années calamiteuses qui ruinent le pays et désolent les populations.

Mais ce progrès si essentiel à tous, comment peut-il se réaliser ?

Le ministère si prodigue pour les personnes, si parcimonieux pour les choses, croit satisfaire à tous les besoins de l'agriculture en créant des fermes-écoles. Mais est-ce bien l'intérêt de l'agriculture qui le guide dans cette détermination, et ne veut-on pas plutôt importer dans nos campagnes, où l'homme vit indépendant, cette centralisation administrative tantôt serviable, tantôt malfaisante, selon qu'on cède ou qu'on résiste. (Très bien.)

Ce n'est pas la science agricole qui manque à l'agriculture, mais bien les capitaux sans lesquels on ne peut se procurer des instruments aratoires plus perfectionnés, et des engrais plus variés. Si le ministère veut donc arriver sûrement à des progrès en culture, qu'il commence par puiser un peu moins dans la bourse des cultivateurs et que MM. les préfets, s'occupant un peu moins de politique, et se contentant de faire de la bonne administration pour tous, se montrent plus équitables envers les communes dans la distribution des fonds et des secours destinés à l'exécution et à l'entretien des chemins ruraux et vicinaux, si nécessaires aux progrès de l'agriculture. (Bravo, bravo.)

Quant à nous, Messieurs, c'est en sachant, le jour des élections, avoir de l'abnégation pour nous mêmes, et de l'indépendance pour protéger tous les intérets que la loi électorale nous appelle à défendre, que nous obtiendrons des réformes et des économies qui influeront bien mieux que les fermes-écoles sur les progrès tant desirés de l'agriculture. (Applaudissements.)

M. BEAUMONT, député de la Somme.

Messieurs, chargé de répondre au toast qui vient d'être porté. je le fais avec d'autant plus d'empressement, que je suis dans un pays qui comprend parfaitement tout ce que l'agriculture a de grand, de noble et de productif... (Assentiment unanime.)

Qu'on ne croie pas qu'au milieu d'un banquet réformiste et tout politique un toast à l'agriculture soit déplacé..... (Nous ne le pensons pas.) Car ce toast lui-même est éminemment politique..... (Oui, oui.)

L'agriculture, première richesse du pays, est l'enseignement le plus beau, le plus moral d'une grande nation, car elle est pratiquée par des hommes qui vivent loin de la corruption, loin des villes où sans cesse les idées justes et saines sont dénaturées....(Très bien, très-bien.) Elle doit donc être honorée avant tout et partout... (Approbation.)

En est-il ainsi de la part de nos gouvernans ?....

De toutes parts : Non ! non !

M. Beaumont (Somme) : J'accepte le non qui est prononcé : il est la véritable expression de ce qui se passe depuis 17 ans et même depuis plus longtemps... (Sourires d'adhésion.) On a toujours, dans les hautes régions du pouvoir, de très belles paroles pour l'agriculture.

Plusieurs voix : Hélas ! c'est vrai, mais on n'a que cela.

M. Beaumont (Somme) : On a toujours de très belles paroles pour elle, mais quel en est le motif ? C'est qu'on n'a rien à lui accorder.... (Rires d'adhésion). Dès que l'agriculture réclame soit pour ses franchises, soit pour obtenir un code rural, soit pour qu'on établisse une constitution plus appropriée à son essence, à ses besoins, oh ! alors on ne se souvient plus de rien ; toutes les promesses sont méconnues ou oubliées... (Oui, oui.)

Il y a quelques années, l'agriculture demandait des assemblées délibérantes, non pour s'occuper de politique, mais pour pouvoir éclairer l'état et principalement les administrations départementales sur ses véritables intérêts ; comment lui a-t-on répondu ? Par une fin de non-recevoir qui n'était qu'une véritable dérision !... (Assentiment.)

Et à quoi sert, je vous le demande, cette puissance si étendue, cet élément si fort et si généreux? A quoi sert-il aujourd'hui ?... On a détourné les produits de l'agriculture, de leur véritable but ; les ressources immenses dont vous êtes l'origine sont employées à faire toutes les mauvaises choses... (Sensation.)

Il est aussi, malheureusement, nous devons en convenir, une vérité fâcheuse : c'est que dans nos campagnes on croit qu'il suffit de savoir bien manier le manchon d'une charrue; et que la politique doit être réservée aux villes; on a tort, messieurs, et il en résulte que, comme les bons moutons champenois, nous nous laissons tondre à merci.......
(Sourires).

Plusieurs voix : Il faut mettre un terme à cet abus !

M. Beaumont (Somme) : Cependant, Messieurs, quel est le tribut que nous payons, nous autres agriculteurs ? L'orateur qui m'a précédé vous l'a dit.... L'agriculture produit de 7 à 8 milliards... Or, de cette somme que reste-t-il dans vos poches ? Rien, ou à peu près rien...

Voix nombreuses : Nous en savons quelque chose !

M. Beaumont (Somme) : Quand vous avez payé vos impôts, vos frais généraux, élevé vos enfans, si vous êtes encore possesseurs de quelques écus... Vous vous estimez bien heureux....... (C'est vrai, c'est vrai.)

Croyez-vous que cela puisse durer long-temps ? (Non, non.) Vous ne le croyez pas; eh bien, le moyen de rémédier au mal c'est de vous réunir pour vous mêler à la vie politique ; le moyen, c'est de ne pas faire votre unique préoccupation de ce qui vous intéresse personnellement ; c'est de songer un peu aux affaires du pays..... quand un gouvernement n'a pas su apprécier les services qu'il reçoit de l'agriculture, le devoir de celle-ci est de prêter son concours à la réforme politique d'où dépend son bien-être et de venir en aide à tous ceux qui demandent cette réforme. (Oui, oui, bravo, bravo.)

L'isolement de l'agriculture est en réalité une chose inexplicable ; en effet, si elle est la productrice la plus considérable, elle est aussi la consommatrice la plus importante : on vous le disait et je le répète, on compte en France de 25 à 26 millions de cultivateurs vivant directement de l'agriculture ; si l'on estime la consommation individuelle des produits industriels à dix francs par tête, et c'est bien peu, on arrive immédiatement à une consommation de 250 à 260 millions ; or, je vous le demande, y a-t-il dans le monde un pareil débouché ouvert à notre industrie ?... D'où vient donc que le gouvernement donne libre cours à certaines théories qui ne tendent à rien moins qu'à ruiner l'agriculture ?.... (Mouvement).

Chacun de vous comprend que je veux parler du libre échange... D'où vient donc que le gouvernement est assez peu soucieux des intérêts agricoles pour permettre à des gens à sa solde de proclamer, de soutenir, de propager de telles théories ?... MM., si nous étions plus unis, si nous entrions franchement dans la voie réformiste qui s'ouvre devant nous je suis convaincu que ce danger qui nous menace disparaîtrait à l'instant même !

Les théories auxquelles je viens de faire allusion ne se produisent pas seulement à Paris, elles s'affichent aussi au-dehors, ou elles rencontrent des applaudissements énergiques, ce qui ne se comprend que trop bien. A quoi cela tient-il ? à ce que les gens de loisir, sont toujours prêts à embrasser les idées nouvelles et imprudentes, que les travailleurs repoussent par la raison qu'elles auraient pour résultat de réduire si ce n'est de paralyser complètement le travail national !....
(Adhésion.)

Quant au commerce, s'il unit son intérêt à une cause tout à fait contraire à notre agriculture et à notre industrie, en vérité, pour moi

je ne le comprends pas.... Il est évident que si l'industrie et l'agriculture de notre pays étaient en souffrance, le commerce national ne tar-
derait pas à péricliter... (C'est vrai, c'est vrai.) Ce qu'il lui faut, c'est
un consommateur et un consommateur rapproché.... Si donc il tra-
vaille à la ruine de ce consommateur, il prête la main à son propre
suicide ; c'est pourquoi je dis en terminant : Arrière ces théories nouvelles et dangereuses !... Je propose un toast à la fusion des intérêts
de ces trois grandes sources de la richesse nationale :

L'agriculture, l'industrie et le commerce.... (Bravos prolongés.)

M. FEYTAUD, rédacteur en chef du *Courrier du Nord.*

Aux Classes laborieuses !

Messieurs,

A l'ouvrier de l'atelier comme à celui des champs, au travailleur
infatigable qui creuse la terre pour en faire jaillir les richesses minéra-
logiques, comme au laboureur qui l'engraisse et la remue pour y faire
germer et mûrir les richesses agricoles ; à tous les prolétaires, nos
aides, nos amis, nos frères, honneur et bonheur !... — Très bien.

Honneur à eux, car jamais mission ne fut plus grande, plus utile
que la leur ; jamais tâche, courageusement et patiemment remplie, ne
mérita mieux les sympathies et les respects des hommes politiques.

Bonheur à eux ! au bien-être de la classe bourgeoise ; car lorsque l'ouvrier souffre et a faim, c'est que l'industrie, c'est que le commerce, c'est que l'agriculture, c'est que toute la société enfin est ap-
pauvrie et malade.

Proclamons-le bien haut, Messieurs, car c'est le seul moyen de repousser noblement les calomnies qu'on nous lance, à nous, hommes
d'ordre et de paix, mais surtout hommes de liberté : oui, la condition
des travailleurs n'est pas ce qu'elle devrait être ; oui, matériellement,
moralement, politiquement, le prolétaire a besoin de protection, de
secours, de sympathies ; oui, il faut que son existence soit mieux assurée, que son éducation soit mieux faite, que sa part de droits politiques lui soit progressivement accordée. Il faut que tout cela soit,
Messieurs, car c'est la loi du progrès, c'est la loi de la justice, et ce
n'est pas nous, qui voulons en méconnaître les saintes prescriptions.
— Adhésion.

Mais que faisons-nous donc aujourd'hui dans cette manifestation,
si ce n'est une œuvre d'émancipation fraternelle, morale et politique
pour le travailleur comme pour tous les autres enfans de la patrie?
Est-ce qu'en moralisant le pouvoir, nous n'arriverons pas en même
temps à moraliser le peuple? Est-ce qu'en obtenant des élections plus
libres et plus sincères, une représentation nationale plus éclairée et
plus probe, un gouvernement plus soucieux des besoins et des droits
de tous, nous n'ouvrirons pas la porte à une meilleure organisation du
travail, aux remèdes qui doivent guérir les désastreux résultats d'une
concurrence effrénée? — Est-ce que la réforme électorale elle-même,
si restreinte qu'on veuille la supposer, ne sera pas un acheminement
vers l'émancipation politique des masses? — Est-ce que nous ne com-
prenons pas tous, enfin, que nos aspirations vers la liberté ne peuvent
être grandes, généreuses et utiles, qu'autant qu'elles embrasseront
dans une commune sympathie, toutes les forces vives de la nation, la
propriété comme l'intelligence, le chef d'industrie comme le travailleur?... — Approbation.

Oh ! qu'elle le sache bien, cette classe ouvrière dont plusieurs d'entre nous se font gloire d'être sortis. Si nous ne la flattons pas dans ses
passions, si nous ne lui promettons pas aujourd'hui tout ce qu'elle
mérite, c'est que nous ne voulons pas l'abuser par de décevantes et
dangereuses illusions, c'est que nous voulons pouvoir tenir nos pro-

messes. Et ne sait-elle pas d'ailleurs aussi bien que nous, qu'on n'obtient rien de bon sans travail, sans patience, et que l'ouvrage trop vite fait est presque toujours un mauvais ouvrage! Très bien, très bien.

Mais si, comme le labeur des champs et de l'atelier, l'œuvre de la régénération politique et sociale a besoin d'être patiente et mesurée, il faut au moins qu'elle soit promptement commencée et résolument poursuivie, plus que nous, mieux que nous les travailleurs peuvent dire aujourd'hui au pouvoir : il y a soixante ans que nous attendons quelques lambeaux de cette liberté et de ce bien-être promis en 89 ; il est bien temps que justice commence! quant à nous, Messieurs, parce que nous ne voulons pas appeler le peuple sur la place publique et courir en révolutionnaires vers l'avenir, faut-il donc que nous retournions vers le passé ou que nous restions éternellement attachés au présent, immobiles comme des bornes? Personne ici ne le pense. Entre celui qui s'élance imprudemment tête baissée et celui qui s'arrête, ou rétrograde honteusement, la place est large et bonne pour l'homme sage. C'est là que les travailleurs et la bourgeoisie, c'est là que tous ceux dont l'indignation s'élève contre une politique dégradante doivent se donner rendez-vous maintenant. C'est le terrain que nous avons choisi, Messieurs ; le terrain de la réforme électorale, le terrain de la modération et de la paix, mais aussi celui de l'énergie et de la liberté.

Appelons-y donc avec ardeur les classes laborieuses ; c'est le moyen de ne pas les laisser s'égarer et se perdre. Soutenons-les, protégeons-les, aidons-les à gravir prudemment l'échelle sociale et politique, et que les manifestations réformistes soient pour elles comme pour nous, pour toute la nation, les signaux précurseurs de l'émancipation pacifique.

Au bonheur des classes laborieuses, au développement de leur bien-être matériel, moral et politique! (Applaudissemens.)

M. LANTOINE-HARDUIN, propriétaire, membre du conseil général du Pas-de-Calais.

A l'éducation politique des citoyens.

Messieurs,

Notre constitution donne aux électeurs les droits politiques les plus élevés, mais ces droits imposent des devoirs.

Comment supposer en effet que les électeurs, quelque soit leur nombre, ayant reçu de la constitution des droits politiques en puissent user comme d'une propriété personnelle et dans un intérêt personnel.

Le droit électoral n'est qu'une mission. (Très-bien.)

Pour l'exercer avec conscience et discernement, il faut ne se préoccuper que des intérêts généraux de la société. (C'est vrai.)

Ne voyons-nous pas au contraire, l'intérêt particulier déterminer le vote d'un grand nombre? Oui, l'égoïsme a prévalu. On ne s'inquiète plus que de soi et des satisfactions matérielles, et pour le plus misérable avantage on se vend, on abdique ses droits à la liberté. (Bravos.)

Comment relever de cet abaissement moral des hommes qui devraient être des citoyens et qui dorment engourdis, comme des esclaves repus et satisfaits?

Dans la sphère de notre action individuelle, Messieurs, à chacun de nous sont imposés des devoirs particuliers; mais c'était un devoir pour nous tous ensemble de provoquer cette manifestation où toutes les opinions ont été appelées.

Dans le genre de celle-ci, dans l'esprit de celle-ci, ces réunions ne peuvent être que très-utiles ; elles sont une conséquence forcée de nos droits, de nos libertés et des mœurs qui doivent en découler. Elles deviendront usuelles en France comme elles le sont en Angleterre et auront l'effet que nous désirons sur l'opinion publique si engourdie, si tremblante, si difficile à émouvoir.

L'administration qui s'oppose à nos pacifiques et légales manifestations, l'administration qui s'y oppose par tant de grands et de petits moyens, ne commet pas seulement une faute de plus, une maladresse de plus parmi tant de fautes et de maladresses, mais attaque l'essence même de nos droits de citoyens.

Oui, Messieurs, je le répète, malgré tous les obstacles, ces réunions deviendront usuelles. Car c'est un devoir pour des citoyens de se concerter sur les affaires du pays, pour comprendre bien leurs droits et leurs devoirs et devenir dignes de leurs hautes fonctions d'électeurs. Alors enfin la nation ne sera plus divisée comme elle l'est trop souvent, en exploitants et en exploités. (Applaudissements.)

En attendant, des jours d'épreuve nous sont encore réservés, ce n'est qu'avec du courage, de l'union, de la persévérance et du dévouement qu'on triomphe. (Bravos.)

C'est un grand spectacle que celui d'une nation luttant pour son ndépendance politique. Le résultat n'est pas douteux.

A *l'éducation politique des citoyens.* (Applaudissements.

M. Victor De Marne, directeur de la *Feuille de Douai :*

A l'égalité politique.

Messieurs et chers concitoyens,

En 1830 je n'étais pas né à la vie politique. Cependant j'étais témoin de la révolution qui devait réaliser toutes les grandes idées de 1789. C'était du moins, si mes souvenirs ne me trompent, la pensée de ceux qui l'ont faite. — Oui, oui.

A cette époque, si ma mémoire est encore fidèle, l'enthousiasme était au comble ; on ne parlait que du roi citoyen, du triomphe de la liberté et de l'égalité politiques ; la presse, qu'on appelait le quatrième pouvoir de l'État, était assurée contre les procès, il avait été dit : *De procès de presse il n'y en aura plus;* l'institution du jury allait recevoir les améliorations désirées ; la responsabilité des ministres, l'organisation de la garde nationale, de larges institutions départementales et municipales, la liberté de l'enseignement, tout cela était promis ; à l'avenir le citoyen n'aurait plus, comme l'esclave, des devoirs à remplir sans avoir, par compensation, des droits à exercer ; la charte enfin devait être désormais une vérité.

Certes eut été bien difficile celui qui ne se fut pas contenté d'un ensemble d'institutions et de promesses semblables.

Ce n'est pas tout. Dans l'ordre des intérêts matériels la satisfation publique n'avait pas été moins éveillée. L'industrie, le commerce, l'agriculture allaient recevoir une nouvelle impulsion, des encouragements réels, et les travailleurs obtiendraient ainsi un aliment certain à leur activité et un salaire en rapport avec leurs besoins.

Ce n'est pas tout encore. Le tableau de cet âge d'or qui nous était annoncé ne serait pas en effet complet si je n'ajoutais, je crois avoir bonne souvenance, la promesse formelle d'un gouvernement à bon marché, ce qui est quelque chose aussi. — Adhésion.

Maintenant vous pouvez juger, messieurs, des déceptions amères qui m'attendaient lorsque, plus tard, j'entrai dans la vie politique. Le passé, avait, vous le comprenez, une trop haute portée pour n'avoir pas laissé de profondes impressions dans mon imagination de 18 ans et ma jeune raison. Malheureusement ces impressions étaient pour moi comme les rêves brillants de la nuit. L'impitoyable réalité les avait dissipés.

Je vis alors, messieurs, que les principes de liberté et d'égalité politiques avaient été méconnus en plusieurs points ; que la presse, ce

quatrième pouvoir de l'Etat, cruelle ironie ! était sans cesse poursuivie,
que des lois nouvelles avaient changé, en l'aggravant, la situation qui
lui avait été faite, que les procès de tendance étaient ressuscités, que
la complicité morale avait été inventée, que les jurés étaient triés,
que mille tracasseries, indignes mais efficaces, arrêtaient chaque jour
le libre essor de la pensée humaine. — Très-bien.

Je vis de plus que la responsabilité des ministres était un mot vide
de sens ; que la garde nationale était en état de suspicion et décimée
par le bon plaisir ; que les institutions départementales et municipales
étaient incomplètes ; que la liberté d'enseignement n'était qu'un mythe ;
que l'arbitraire était bien plus souvent consulté que la loi ; que les
devoirs étaient exigés de ceux-là mêmes auxquels on refusait des
droits ; à un autre point de vue, que l'industrie et le commerce étaient
peu florissants, que l'agriculture était écrasée sous le poids des gros
impôts, que les ouvriers étaient une partie de l'année sans travail et
que partout le salaire était inférieur à leurs besoins. — C'est vrai.

Je vis enfin que le gouvernement à bon marché était le gouvernement le plus cher qui eut pesé sur le pays.— Bravos.

J'avais cru en un mot, Messieurs, que tout était fait, je trouvai au
contraire que tout était à faire.

Je ne vous ai pas tout dit. De plus pénibles, de plus navrantes déceptions m'attendaient encore. C'est dans les élections, eh ! mon Dieu,
c'est avant, pendant et après le scrutin, qui devrait être l'image sym-
bolique la plus pure des grandes assises du pays, que la mesure fut
comblée. Là, au sein du privilége, j'ai vu, comme vous tous, Messieurs,
le système à l'œuvre, je l'ai suivi avec indignation et dégoût dans son
travail de la matière électorale, et vous savez aussi bien que moi comment il opère ! — Oui! oui !

Laissons donc ce dégradant spectacle. Constatons seulement un fait
qui suffit pour condamner la loi électorale de 1831.

A l'époque des élections dernières, personne ici ne le niera , la
France était aussi lasse que possible du système, ses sentiments à cet
égard n'ont pas changé. Eh ! bien, le pays légal, influencé par la corruption, a envoyé néanmoins à la chambre, pour conserver ce système
détestable et détesté, une majorité ministérielle formidable. Qu'on
juge de la vérité de la représentation actuelle !

Je vous dmande pardon, Messieurs, si, dans cet exposé je me suis
mis en scène ; mais si je vous ai parlé de moi c'est parceque mon histoire est un peu celle de tous ces jeunes hommes animés du plus sain
patriotisme, sans passions comme sans haines, qui, dès leur début dans
la vie politique, ont cherché en vain dans la situation qui a été
faite à notre pays les grandes idées et les grandes choses.

Mensonges et déceptions, voilà en deux mots ce que nous avons
tous trouvés.

Mais est-ce à dire, parceque nous n'avons rencontré que mensonges
et déceptions, que nous devions désespérer de voir triompher un jour
les principes éternels de morale et de liberté publiques ? Oh! non, MM.,
il faudrait pour cela désespérer de la nation, de cette nation qui n'a pas
cessé de mériter notre amour et qui est notre espoir. — Assentiment.

Qu'est-ce en effet que la nation ? la nation , c'est tout le monde,
trente-cinq millions de français. Or, tout le monde ne peut être res-
ponsable des entreprises liberticides, des réactions hardies et coupables
de quelques-uns, d'une centaine de mille citoyens. On nous dit bien,
il est vrai, tous les jours, que nous vivons sous un gouvernement représentatif. Mais il y a représentation et représentation.

Permettez-moi quelques mots d'explication sur ce point important.

Depuis Louis XVI qui avait consulté six millions de français, ce qui
était beaucoup mieux que ce qui a lieu de nos jours, notre pays a été
censé sans doute être en possession du gouvernement représentatif ;

j'ai dit censé, remarquez-le bien, parceque en effet la représentation
a été plutôt fictive que réelle.

Tous les gouvernements, je pense ne pas me tromper, qui se sont
succédés, depuis plus de cinquante ans, se sont ingéniés à trouver un
système électoral qui fut favorable à leurs idées préconçues ou à leurs
intérêts actuels. Les uns s'appuyèrent de préférence sur des classes in-
férieures, les autres mirent leur confiance dans les classes supérieures,
quelques-uns cherchèrent dans certaines combinaisons habiles, la solu-
tion du problème, enfin le gouvernement qui nous régit, se montrant
aussi exclusif et, disons-le, aussi injuste que ceux qui l'ont devancé, a
repoussé d'une part et annihilé d'une autre part les deux classes extrêmes pour s'étager uniquement sur la classe moyenne.

Ce n'est pas moi, Messieurs, qui fractionne ainsi la nation. Les
classes ne sont pas plus dans mes goûts que ne le seraient les trois
ordres s'ils n'avaient pas disparu à jamais. — Bravos.

Ce qu'il y a de certain c'est que l'électorat est aujourd'hui le privilège exclusif d'une classe.

La conséquence, si une catégorie de citoyens, que je n'accuse pas,
que je ne défends pas, que je ne préconise pas, a seule des droits politiques, que seule elle a accès dans les colléges dont les petits contri-
buables sont exclus, parce qu'ils ne paient pas deux cents francs, au
sein desquels les grands propriétaires sont sans influence, parce qu'ils
sont en minorité, dont les intelligences sont bannies, parce qu'elles
sont... j'hésite vraiment à le dire!... parce qu'elles sont apparemment
incapables, la conséquence, dis-je, c'est que, l'ensemble des intérêts vi-
taux et essentiels n'étant pas représenté, notre système électoral est
radicalement mauvais.

Nous pouvons donc dire hautement que la nation n'est pour rien
dans ce qui s'est fait depuis trop long-temps.

Je m'arrête, messieurs, car il est trop évident que le système repré-
tentatif, qui a été octroyé au pays, après deux révolutions faites surtout pour fonder la liberté et l'égalité politiques, est non seulement
insuffisant mais dérisoire. — Assentiment.

C'est pour en faire justice que la France s'agite, que ces banquets
ont lieu. Le temps des fictions ou des exclusions est, en effet, fini,
celui de la vérité ou du droit commun est arrivé. Tous les systèmes
électoraux se sont usés tour-à-tour. Autrefois les castes et leurs priviléges disparaissaient sans laisser de regrets, aujourd'hui le règne des
classes s'achève et ne sera pas davantage regretté. A la France intelli-
gente et libre il lui faut autre chose que le privilége de quelques oligar-
ques, il lui faut l'égalité politique, il lui faut la vérité du gouvernement représentatif, c'est-à-dire le gouvernement du pays par le pays.

Messieurs, hors de la représentation vraie il n'y a aucun salut pour
la France, aucun avenir pour les peuples, j'en ai la profonde conviction. Que la nation recouvre ses droits et aussitôt elle sera rendue à
ses grandes destinées et au monde qu'elle a mission d'éclairer. —
Applaudissements.

M. LENGLET, conseiller à la cour royale de Douai.

Au régne de la Justice.

Messieurs,

Permettez qu'un magistrat vous propose un toast, au règne de la
justice et de la vérité. — Bravo.

De la vérité, indestructible et Sainte aspiration de l'esprit humain ;

De la justice, source unique et féconde d'ordre et de liberté, d'union
et de bonheur pour la société entière. — Très bien.

La justice, Messieurs, elle se confond avec la vérité dont elle n'est
qu'un aspect particulier : c'est la vérité dans les actes.

Comme la vérité, la justice est une, invariable; elle n'admet ni le
plus, ni le moins ; elle veut pour chacun (petit ou grand, peuple ou

pouvoir), son droit , tout son droit et rien que son droit. — Adhésion.

En dehors de la vérité ; il ne reste que son contraire, l'erreur ou le mensonge, qui sont multiples et varient à l'infini. — bravo.

En dehors de la justice aussi, il n'existe plus que son contraire, l'iniquité, dont l'innombrable famille revêt toutes les formes, depuis ces vols que le coupable expie au bagne, jusqu'à la partialité, la faveur que la loi n'atteint pas, mais qu'elle devrait punir si ce protée pouvait être saisi par elle. — Très bien.

La partialité, la faveur ne sont pas d'une autre nature que le vol : tous au fond reviennent toujours à priver quelqu'un de l'objet auquel il a droit, pour en gratifier un autre. Prétendrait-on, en effet, qu'on puisse favoriser l'un (en d'autres termes, lui donner plus que son droit), sans restreindre par cela même les droits de quelqu'autre, c'est-à-dire le dépouiller ?.... — Non, non.

Nul n'oserait le soutenir, MM., mais trop souvent on se paie de mots, on s'attache au nom, à la forme, au lieu de pénétrer au fond des choses..... La faveur est si gracieuse ! Qui donc, sous des dehors séduisants, osera voir et signaler un acte de la même nature que l'escroquerie ou le vol ?... Et cependant rien n'est plus vrai ! toutes les iniquités sont sœurs ; elles aboutissent unanimement à *dépouiller l'ayant droit au profit du spoliateur ou de son complice.* Identiques au fond et dans leurs résultats, elles ne diffèrent que par la forme, par les circonstances accessoires, par la manière enfin de commettre la spoliation.—Applaudissemens.

Si tous l'avaient clairement compris, si l'électeur auquel on offre pour son fils une bourse dans un collége, ou pour lui-même des fonctions dont un autre est plus digne ; si tous ceux enfin qui reçoivent ou distribuent des faveurs, avaient conscience de leur méfait ; s'ils se voyaient clairement auteurs ou complices de spoliations coupables ; si leurs concitoyens aussi comprenaient bien toute l'iniquité de leurs actes :

Oh ! de ce jour, MM., la ligue des amis du juste et de l'honnête apparaîtrait si noble et si puissante , que tout le parti des spoliateurs , corrupteurs et corrompus, s'évanouirait dans l'ombre, accablé sous le poids du mépris et de l'aversion publics. — Bravo, bravo.

Les *abus d'influences* reprendraient alors leur véritable nom, et les élections leur sincérité. Nos lois enfin, comme nos institutions, seraient désormais des vérités ; et, sous l'égide de la justice, l'humanité s'avancerait paisible et rapide vers l'accomplissement de ses destinées d'association, d'union et de bonheur.

Mais cependant, Messieurs, le mal s'aggrave : hâtons-nous d'y porter remède. Puisse le réveil de l'opinion publique éclairer, pendant qu'il en est temps encore, tous ceux qui, chargés de présider aux destinées de notre belle France, ont pour premier devoir de la préserver des tempêtes ! Puissent les électeurs et les élus, les gouvernés et les gouvernants, comprendre qu'après l'immense impulsion donnée à l'esprit humain par nos deux grandes révolutions, à une époque mémorable où les découvertes n'ont été ni moins nombreuses, ni moins admirables dans les sciences politiques et sociales, que dans les autres branches des connaissances humaines, il est sage, il est *nécessaire* de suivre dans la pratique, le mouvement de plus en plus rapide , des progrès de la théorie vers l'idéal divin de l'association humaine.

Puisse-t-on en conclure à temps que nos *ultra conservateurs et restaurateurs d'abus* ne sont pas aujourd'hui moins dangereux pour notre jeune monarchie , que ne l'ont été pour son aînée d'autres ultras plus chevaleresques !.. — Applaudissemens.

Puissent enfin nos gouvernants, reconnaître qu'il n'existe pas deux justices, deux morales dont l'une légitimerait pour le pouvoir l'usage de tous les moyens, et dont l'autre aurait longtemps la puissance d'imposer au pays l'abnégation, l'ordre et le calme, en présence de la violation plus ou moins détournée de ses garanties et de ses droits, au milieu des méfaits électoraux, de la faveur systématisée, et de tous ces scandales qui ont jeté la consternation au sein du monde officiel ! — Sensation.

Viennent donc les réformes, car le salut de tous est à ce prix !.... MM., au règne de la justice et de la vérité ! — Applaudissements.

M. BOULANGER, juge au tribunal civil de Valenciennes, membre du conseil général du Nord.

A la Garde nationale !

Ce toast devait être porté par un homme, dont le nom résume en lui le plus beau souvenir de la garde nationale, par le fils de l'immortel Lafayette ; choisi à l'improviste pour le remplacer, je réclame votre indulgence et la permission d'être bref.

Messieurs,

Qu'est-il besoin de nombreuses paroles, pour faire l'éloge d'une institution si patriotique ?

La garde nationale, messieurs, c'est la nation toujours en armes : c'est la nation, qui, la main sur la garde de son épée, est toujours prête à se lever pour défendre l'intégrité du territoire, ou pour assurer le maintien des institutions et des lois. — Très-bien, bravos.

Oui, messieurs, la garde nationale... c'est l'épouvante des ennemis extérieurs de la patrie, mais c'est aussi l'effroi des ennemis intérieurs de nos libertés. — Applaudissements.

C'est elle, qui est à leurs mauvais desseins l'obstacle le plus invincible ; c'est elle qui, suspendue sur leur tête comme une vivante menace, les empêche de marcher ouvertement, effrontément à la destruction des franchises et des garanties que la constitution nous accorde.

Aussi, voyez comme partout elle est en suspicion au système de corruption et de honte qui pèse si lourdement sur notre pays !

Ne pouvant, ou plutôt n'osant pas la détruire, par la violence, on cherche à la mutiler, à la démembrer, par la duplicité et par la ruse. Là, où on ne peut lui créer des entraves de nature à paralyser son action, on la frappe, on la suspend, contrairement à nos lois et en violation des engagements les plus sacrés. — C'est vrai, très-bien.

Que cette conduite du pouvoir soit pour tous, messieurs, un salutaire avertissement.

Plus on cherche à affaiblir, à annihiler une institution si utile, plus aussi tous les bons citoyens, doivent se serrer pour la défendre. — Oui ! oui !

Je sais bien que la garde nationale est considérée par beaucoup de monde, et je connais de bons patriotes qui sont de ce nombre ; je sais bien que la garde nationale, dans son service, est considérée comme une lourde charge dont on est bien aise de s'affranchir le plus possible.

Mais s'imagine-t-on, par hasard, que lorsqu'on veut être libre et conserver sa liberté, on doive songer à dormir toujours sur un lit de roses ?... — Très-bien.

Non, Messieurs, l'état de liberté est un état de lutte, de fatigue, de préoccupation incessantes. — Adhésion.

Et, si nous voulons résister aux mauvais vouloirs qui nous menacent si nous voulons conjurer les malheurs que nous voyons déjà poindre à l'horizon, il faut que chacun de nous se lève, insoucieux de ses satisfactions et de ses intérêts personnels ; il faut que chacun se tienne debout, sur la brèche, l'œil fixé sur le danger, et tout prêt à fondre sur lui, si l'ennemi se présentait, au cri de France et de Liberté. — Applaudissements.

Donc, Messieurs, à la garde nationale, la garantie de notre indépendance, plus ferme soutien de nos libertés et des lois ! — Applaudissements prolongés.

M. Frédéric DEGEORGE , chef de bataillon de la garde nationale d'Arras, monte à la tribune.... (Une triple salve d'applaudissemens accueille l'orateur et l'empêche long-temps de parler.)

Mes chers concitoyens, je serai court ; car je le sais, vous avez hâte
d'entendre un illustre orateur , un homme qui n'est pas grand seulement par le talent de la parole, mais qui l'est aussi , qui l'est surtout
par ses vertus...

De toutes parts : Oui, oui. Vive Odilon Barrot.

M. Frédéric Degeorge : Et moi-même, je suis impatient d'abandonner cette tribune pour la céder à celui qui est si digne de l'occuper, à
notre honorable président, à Odilon Barrot... (Acclamations.)

La garde nationale à laquelle on a porté un toast est née avec nos
libertés ; elle a dépéri et s'est altérée avec elles....(Assentiment.) Quelle
est la mission de cette force indépendante et infinie ? Je la précise en
deux mots : c'est de défendre les droits individuels et l'indépendance
nationale.... (Adhésion unanime.) Je suis bien sûr que vous tous,
Messieurs, qui faites partie de la garde nationale de notre ville, je suis
bien sûr que vous la remplirez cette mission, que vous la remplirez
dignement, surtout au jour du danger, car dans cette enceinte partout déborde la jeunesse, l'enthousiasme, le dévouement au pays, et
si la patrie était menacée , nous nous lèvrions tous pour la défendre.

Voix unanime : Oui, oui.

M. Frédéric Degeorge : S'il vous fallait des exemples pour vous
guider dans l'accomplissement de cette mission, vous ne les chercheriez
pas en haut, mais près de vous... (applaudissements). Eh bien , je le
disais, et je le répète, cette garde nationale, la force et l'espoir de la
France, elle a dépéri et s'est altérée... Le ministre s'est fait le violateur des lois à son égard. Sans doute il a le droit de la dissoudre, mais
aussi il a le devoir de la réorganiser. (Très-bien, très bien.) il a failli
impunément à ce devoir, il s'est moqué de cette obligation de la loi ;
et parmi vous, parmi vous-mêmes, si l'institution existe encore, on
peut dire qu'on ne tient d'elle aucun compte ; en effet, vos cadres sont
incomplets ; le maire, l'autorité, doit combler les lacunes dans le delai
de deux mois ; il y en a plus de dix-huit que des postes sont vacans....
(C'est vrai, très bien.)

Quoiqu'il en soit, et en dépit du mauvais vouloir du gouvernement,
dans toutes les circonstances , vous accomplirez votre tâche , n'est-
ce pas ?.... (De toutes parts : — Oui, oui.) Vous tous gardes nationaux, quand éclatera la guerre, vous le savez, vous devez venir en
aide et vous viendrez en aide à l'armée. (Cris d'enthousiasme.) Pendant la paix ce qui vous appartient, c'est de maintenir l'ordre, de défendre la liberté, mais aussitôt qu'a sonné l'heure de la lutte avec l'étranger votre place est à côté de l'armée et vous la revendiquerez cette
place (Oui, oui.) A coup sûr, notre armée est brave, mais avec elle,
avec elle seule, une bataille perdue peut livrer la patrie à l'ennemi ;
tandis que lorsque la garde nationale est debout, une bataille peut être
perdue, mais la patrie n'est pas asservie.... (Tonnerre d'applaudissemens.)

Un exemple à l'appui de ces paroles :

Dans cette malheureuse campagne de 1814 qui s'est terminée par
une déplorable invasion, une ville, Chalon , sans fortifications, sans
armée, a retenu l'ennemi pendant quarante jours en lui interdisant le
passage de la Saône... — Sensation.

Aussi, quand le grand homme revint de l'île d'Elbe, et qu'il passa
par cette ville, se trouvant en face du maire d'une des communes
qui s'étaient levées le plus en masse contre l'étranger, il lui dit : — Je
me rappelle ce que vous avez fait ! — Et lui attachant à la boutonnière
la croix de la Légion-d'Honneur, il ajouta : — C'est là sa place ;

c'est sur votre poitrine qu'elle doit briller et non sur celle de ces félons et de ces mendians qui ont vendu leur pays...(Triple salve d'applaudissements).

Plus tard, le grand homme, expiant ses fautes sur le rocher de Ste-Hélène, faisait cet aveu si plein d'enseignements : — J'ai eu un grand tort, un tort immense, ça été de croire qu'une armée, une armée seule, pouvait défendre la France contre l'Europe coalisée; ça été de croire qu'on pouvait sauver la France en *faisant la charge en douze temps !....* Messieurs, que ces mémorables paroles contribuent à préserver l'avenir des malheurs du passé !... (Applaudissemens.)

Je termine en disant comme un précédent orateur : « il faut regagner pied à pied le terrain perdu, et c'est à la garde nationale unie au corps électoral qu'appartient cette mission. (Assentiment.) Mais regagner le terrain perdu ce n'est pas assez ; il faut faire un peu plus; il faut rattrapper aussi le temps perdu, et voilà 17 ans que nous attendons...... (Rires d'approbtaion.)

Un honorable député qui est ici disait, il y a deux jours : que chacun remplisse son mandat; députés, électeurs, gardes nationaux, que tout le monde fasse son devoir je vous le dis à mon tour gardes nationaux, mes camarades et je répète : « tenez bien vos armes, tenez les bien, et advienne que pourra. » (Applaudissements prolongés.)

M. BILLET , avocat , membre du conseil général du Pas-de-Calais.

Messieurs,

L'homme que nous voyons depuis tant d'années marcher avec éclat à la tête de l'opposition constitutionnelle, dominant les esprits par l'élévation et la droiture de ses opinions, l'homme qui a toujours été fidèle à son drapeau , admiré souvent et estimé toujours. — Applaudissements. — Odillon Barrot est au milieu de nous.

Odillon Barrot est le digne représentant de nos deux grandes révolutions de 1789 et de 1830, des maximes d'*honneur* et de *probité politique.* — Oui, oui.

Il a donné à ces généreux sentimens qui animent l'opposition constitutionnelle tout entière, leur expression la plus éloquente et la plus vraie. — Bravo.

J'ai un toast à vous proposer.

Il réunira j'en suis certain toutes vos sympathies.

A la probité politique. A M. Odillon Barrot. — Applaudissemens.

M. Odilon Barrot se dirige vers la tribune.

De toutes parts : Bravo ! bravo ! Vive Odilon Barrot ! vive Odilon Barrot !

M. O. Barrot : Mes chers concitoyens, je ne dois les témoignages d'estime dont vous m'entourez qu'à un seul mérite que je ne récuse pas, c'est celui, après dix-sept ans de luttes et de déceptions arrivées, de n'avoir pas désespéré de mon pays, d'avoir au contraire conservé une inaltérable confiance dans sa raison, dans sa moralité et dans son courage. (Applaudissemens).

Je vous remercie de me confirmer dans cette confiance par cette grande et imposante manifestation, par ce salutaire exemple de courage civil... Oui ! je serais coupable de manquer de confiance dans l'avenir d'un pays qui montre de tels citoyens... (Bravo ! bravo !)

Vous avez patienté longtemps ; vous aviez foi aussi dans le jeu régulier des institutions... (C'est vrai ! c'est vrai !) Les maladies violentes se manifestent immédiatement par des symptômes qui ne trompent personne ; les gouvernements qui procèdent par la violence ne vous laissent pas long temps dans le doute ; il est facile avec eux de reconnaître immédiatement la vérité de la situation ; chacun alors va sous son drapeau... Les uns au bruit du tambour, les autres au son du tocsin... Et alors il advient souvent, grâce à Dieu , ce qui est advenu en 1830, il advient que la force reste au droit... (Acclamations. — De toutes parts : — Bravo ! bravo !)... Les maladies de corruption , sont des maladies latentes qui procèdent autrement ; elles couvent longtemps sans se manifester par des symptômes bien déterminés ; aussi est-il plus difficile d'y porter remède à temps... Déjà le mal a fait des progrès irréparables avant qu'on songe sérieusement à l'arrêter. Ainsi, qui ne se serait laissé prendre à ces promesses , à ces protestations , à ces circulaires dont on vous donnait lecture il n'y a qu'un instant. Notre gouvernement revêtait alors la robe d'innocence... (Explosion de rires et de bravos.) Il était jeune alors... (On rit et on applaudit de nouveau).

Plusieurs voix : Il est bien vieux aujourd'hui !

M. O. Barrot : Il parlait de vertu , de grandeur , de vérité...

Une voix : Ce temps-là est passé !

M. O. Barrot : Grand Dieu ! si quelqu'un se fut levé et lui eut dit : « Tu feras la centième partie de tout ce qui se réalise aujourd'hui sous nos yeux, il eût crié à la calomnie, et je ne sais si pour le punir il n'eût pas traduit le blasphémateur en police correctionnelle... (éclats de rire et applaudissemens prolongés). Il ne lui a pas été difficile, par ce faux semblant, d'endormir le pays dans cette confiance qui est le trait distinctif de notre caractère national.... Nous avons de très beaux élans ; mais nous méritons encore cette définition que Jules César donnait de nos pères dans ses commentaires : — admirables dans leurs élans ; malheureusement ces élans manquent de cette suite , de cette persévérance qui est nécessaire pour mettre à profit les fruits de la victoire... Nous nous reposions pleins de confiance dans ce gouvernement qui venait de sortir de nos mains , que nous avions baptisé de notre sang... (acclamations) nous ne pouvions pas croire qu'il trahirait son origine, les conditions même de son existence.... (c'est vrai ! c'est vrai !) nous nous endormions.... mais les passions égoïstes ne dorment pas ; elles veillent toujours , elles agissent toujours... (Oui ! oui ! nous le savons aujourd'hui !)

Aussi qu'est-il arrivé ? C'est que, remplaçant la violence par la corruption, tournant les institutions qu'on n'osait plus violer, de la loi électorale, on a fait un instrument de corruption et de vénalité.... (Applaudissements.) On a établi un encan dans toutes les parties de cette généreuse France, on a mis des droits politiques qui ont coûté tant de sang à tant de générations héroïques , on les a mis à l'enchère ; on a provoqué ceux qui en étaient investis par la loi , à les vendre sur la place publique... (Approbation unanime et énergique.) Et en agissant ainsi, messieurs, on n'a pas seulement commis un crime contre la constitution , on a été plus loin ; on a commis un crime social ! car on a altéré les sources mêmes de la moralité publique.... (Tonnerre d'applaudissements.)

Je suis comme vous sous l'impression des paroles que mon honorable ami M. Corne, vient de faire entendre.... Comment cette noble existence politique si généreusement vouée à la défense de l'équité, des garanties publiques, des intérêts nationaux.. comment a-t-elle été récompensée? devant qui a-t-elle succombé? sur quel autel a-t-elle été immolée ?... A ceux qui l'ont sacrifié sur l'autel de la cupidité, je ne demanderais d'autre expiation que d'avoir été condamnés à assister à cette séance et à subir les paroles éloquentes et honnêtes de celui qu'ils ont vendu.... (Cris d'enthousiasme, — Bravos cent fois répétés.)

Ainsi vous êtes des hommes de bon sens ; vous n'êtes pas comme ceux qui reconnaissent le mal, le déplorent au coin de leur feu en nous disant dans leurs épanchemens : — nous sommes avec vous de cœur !... et qui cependant n'ont pas assez de cœur pour être avec nous.

De toutes parts. Bravo, bravo !

M. O. Barrot. Vous n'êtes pas des hommes qui pensent qu'un mal pareil se guérit par l'abstention et par le silence.

Voix unanimes. Non , non !

M. O. Barrot : L'expérience a été faite d'ailleurs. Le mal s'est-il arrêté par la seule action des chambres ? Je ne demande qu'à comparer deux époques... (Ecoutez ! écoutez !) Dans la dernière législature, nous avons signalé des actes de corruption ; il y avait alors un sentiment de pudeur qui n'était pas entièrement éteint ; nous avons obtenu une enquête parlementaire ; nous avons entendu des témoins ; nous avons arraché quelques actes de sévérité d'une majorité qui si elle ne nous appartenait pas hésitait du moins à couvrir et protéger la corruption.

Une nouvelle législature a été formée ; elle est née du développement le plus étendu qui ait jamais été donné à la corruption électorale.... (mouvement général d'adhésion) , nous avons demandé encore une enquête ; qu'est-il arrivé ? Notre demande a été dédaigneusement repoussée.... Et les citoyens courrageux qui bravant les colères, les requisitoires officiels et non officiels , au péril de leur tranquillité ont osé signaler les coruptions, et les dénoncer au parlement, ceux-là ont été livrés impitoyablement au bras séculier de la police correctionnelle où ils ont été expier leur courage civil... (c'est vrai ! c'est vrai ! l'estime publique les vengera !)

La morale de ces tristes précédens parlementaires c'est qu'il suffit à la corruption, pour atteindre l'impunité, de ne pas s'arrêter en chemin... (c'est cela ! très bien !) de pousser jusqu'aux dernières limites.

Il est donc bien vrai, après de pareilles épreuves, qu'il faut laisser de côté les illusions, qu'on ne doit plus conserver d'espérance que dans l'intervention de l'opinion publique, dans les appels à ce grand tribunal qui ne font pas défaut à l'honnêteté, à la vérité.. Et comme on l'a dit, les grandes assises de l'honneur national ont commencé... le procès s'instruit, (oui ! oui !) Ah ! c'est qu'il n'y a plus d'autre remède ; c'est qu'il serait abusif de croire à une réparation de la part de ceux qui sont nés et ont vécu de la corruption... (Assentimens unanimes). Encore une fois, plus d'illusion ! ce n'est que la puissante pression de l'opinion publique ; ce ne sont que ses arrêts éclatans qui seuls pourront mettre un terme à ce fléau qui nous dégrade et qui accumule sur notre avenir tant de dangers en nous livrant au hasard des événemants avec des institutions abatardies et fausses.. (explosion de bravos) et un gouvernement qui se sera suicidé en détruisant par la corruption toutes les forces morales qui peuvent seules l'aider à traverser les dangereuses épreuves qui lui sont réservées. (Longue émotion. — Applaudissemens prolongés.)

Ah ! l'on avait bien raison de le dire, les conservateurs qui ont usurpé ce titre, et qui par la cupidité et l'imprévoyance de l'avenir ont fait naître à la place de la confiance du pays le mépris et la défiance , ces conservateurs sont les plus dangereux révolutionaires que notre société puisse avoir à redouter.. (Vive approbation.)

Je les connais ces hommes, je les connais depuis long-temps ; ce sont les mêmes qui poussaient la Restauration , qui l'entouraient, qui l'enivraient, et qui lui disaient: — Le peuple, ne vous en inquiétez pas; le peuple , mais c'est un ramas de vils et laches bourgeois.... vos gendarmes en feront justice.... (Rires et applaudissemens). Ce sont ces hommes qui ont encouragé cet aveugle gouvernement à se porter aux derniers excès; et le lendemain de la Révolution de 1830 qu'étaient-ils devenus ? le lendemain, on les cherchait en France...... (Mouvement général.)

MM., si les mêmes temps se reproduisaient, les mêmes choses arriveraient de même. Ces conservateurs qui poussent aujourd'hui le gouvernement de juillet, qui cherchent à l'étourdir à l'enivrer et à le perdre, après sa chute, ils seraient les premiers à élever coutre lui, la plainte et l'accusation... Ce gouvernement, diraient-ils, il a manqué à son origine ; nous l'en avions averti !

De toutes parts. Oh ! oui ! bravo ! bravo !

M. O. Barrot. MM., si un voyageur avait quitté notre pays le lendemain de la révolution de 1830 ; qu'exilé pendant 17 années à l'extrémité du monde, il eût été privé de toutes nouvelles de France, et que revenant tout-à-coup dans sa patrie, il se fît rendre compte par l'homme le plus impartial de tout ce qui se passe actuellement , quelle ne serait pas sa surprise et même sa stupéfaction lorsqu'il rapprocherait dans son esprit ce présent si triste de ses dernières impressions emportées et conservées par lui.

Quoi ! lorsque j'ai quitté ce pays, dirait-il , il allait entrer dans une vie d'honneur et de liberté, on en était à se demander, mais cette pauvre opposition que va-t-elle devenir? il n'y aura plus rien à faire pour elle. (Eclats de rire et applaudissements.) La voilà donc destituée.... (Nouveaux rires et nouvelles approbations.) Et la presse qu'aura-t-elle donc à dire ? Ah! elle va être bien ennuyeuse... (on rit encore.)

Quant aux finances de l'Etat, j'espère bien les trouver dans l'état le plus prospère, dirait ce voyageur naïf. On avait beaucoup crié contre le budget de la restauration d'un milliard, mais en 1830 , quand je suis parti de France , tout le monde s'accordait, les uns à demander, les autres à vouloir un gouvernement à bon marché...

Plusieurs voix, avec ironie : Nous l'avons !

M. O. Barrot : Puisque tout le monde , peuple et gouvernement , était d'accord sur ce point, je vais donc trouver , continuerait-il, une dette publique réduite, des dépenses restreintes.. Et cela était commandé par la raison , par le bon sens le plus vulgaire , car la paix ne peut être éternelle., et les jours de calme , de tranquillité doivent être employées à préparer des ressources pour les jours de lutte, de combat...

De toutes parts : Oui ! cela devrait être ainsi !

Quelle a donc du être la stupéfaction de notre pauvre voyageur lorsqu'ouvrant le budget de 1848 il y aura vu avec ébahissement le budget de ce pays dépasser 1,500,000,000 ; une dette presque doublée et par-dessus des déficits énormes et toujours croissants. (Sensation.) Quant aux poursuites politiques — la justice en chaume, dirait notre rêveur ; il était même question pour l'exemple d'indemniser les condamnés politiques de l'ancien gouvernement. — Messieurs, les procureurs du roi doivent dormir du sommeil des justes; de procès de presse, il ne devait plus y en avoir.... (Rires ironiques.)

Plusieurs voix : Cette promesse là a été tenue comme les autres !

M. O.-Barrot : Cependant ce voyageur vient à rencontrer votre compatriote M. Frédéric Degeorge et lui dit : mais vous êtes dans l'âge d'or ; tous vos vœux sont satisfaits vous n'avez plus maille à partir avec la justice.... Vous comprenez tous que notre ami M. Degeorge le regarde stupéfait et qu'il lui répond : — Mais d'où venez-vous donc ? des Grandes-Indes sans doute.... (Explosions de rire.) J'en suis à mon vingt-deuxième procès.

M. Degeorge. A mon vingt-huitième, s'il vous plaît. (Ah ! bravos.)

M. O. Barrot, se tournant vers le rédacteur en chef du *Progrès* , votre vingt-huitième ! j'espère que vous vous arrêterez à ce chiffre déjà bien honnête. (Vifs applaudissements.)

Mais du moins, dit notre voyageur, je n'éprouverai pas les mêmes mécomptes sur la politique étrangère de la France, car à cet égard, il n'y avait pas seulement des paroles, mais des actes, quand je suis parti. Cette révolution si noble, si généreuse, qui venait de s'accomplir en renvoyant à l'étranger la dynastie qui avait brisé le pacte était aussi et surtout une noble et patriotique revanche des traités de 1815 ; c'était un défi jeté à l'étranger ; qui pouvait se traduire dans ce noble et fier langage : « La France s'appartient et dispose d'elle-même, il lui importe peu que les traités de 1815 aient garanti l'existence du gouvernement qu'elle punit de son parjure : vous le lui aviez imposé ce gouvernement; eh bien ! le voilà votre gouvernement, elle le brise et vous le renvoie, et de plus vous défie de le rétablir !... (Triple salve d'applaudissements). C'était bien là, n'est-ce pas, la signification de la révolution de juillet vis-à-vis l'Europe coalisée ?

De toutes parts : Oui ! oui !

M. O. Barrot : De plus, la France veut faire respecter chez les autres, selon la mesure de la possibilité et de ses forces, ce principe qu'elle revendique pour elle-même : — Les peuples s'appartiennent (oui ! oui !) si dans leurs révolutions intérieures il leur arrive de modifier leur gouvernement, de réaliser des réformes, et qu'une puissance étrangère vienne s'interposer pour empêcher ce mouvement vers la liberté, eh bien ! la France dira ce que le ministre des affaires étrangères disait fièrement à propos de la Belgique : — Si un caporal prussien entre sur le territoire belge pour s'opposer à la révolution qui s'y opère, le lendemain l'armée française sera de l'autre côté du Rhin... (Bravo, bravo !)

Assurémennt cette politique qui laissait chacun maître chez soi, qui sauvegardait les droits des peuples et le respect des nationalités, cette politique de non intervention si conforme au véritable droit des gens, si favorable au maintien de la paix générale, on l'a maintenue ; on la pratiquait lors de mon départ de France ; on doit la pratiquer encore aujourd'hui, se dirait le voyageur.

Mais l'infortuné consulte les différens actes diplomatiques par lesquels notre politique extérieure a successivement dévié depuis 1830 : il voit notre gouvernement laissant intervenir l'Autriche en Italie ; il voit nos soldats contraints d'assister l'arme au bras, au supplice des patriotes italiens qui sur la foi de nos promesses avaient tenté de fonder les libertés de leur pays.

Il voit cette brave et malheureuse Pologne foulée aux pieds par la Russie pour avoir couvert la France de son corps et la France restant impassible. (Frémissements d'indignation.) Oh ! attendez, on a bientôt progressé dans cette voie contre-révolutionnaire. Laisser faire les gouvernemens absolus ne suffit plus ; on se fait leur complice ; on va chercher la sainte-alliance, on la provoque à intervenir en Portugal en faveur d'une reine parjure contre son peuple ; on veut en faire autant en Suisse.... mais cette fois, l'événement je l'espère trompera ces criminelles tentatives ; les Suisses ont eu le bon sens de faire assez tôt leurs affaires pour que l'étranger ne puisse se mêler de leur querelle... (Rires et approbation.)

Et j'espère que cette tentative si antipathique à la révolution de 1830, qui aurait placé dans un congrès attentatoire aux droits de la souveraineté Suisse, le drapeau tricolore à la suite du drapeau de l'Autriche, échouera complètement pour la confusion de ceux qui l'on faite et pour l'honneur de la France.. (Oui ! oui ! bravo ! bravo !)

Vous voyez quels changemens en dix-sept années, et vous comprenez dans quelle douloureuse surprise tomberait ce voyageur qui ferait ces découvertes.

Mais comment tout cela a-t-il pu se faire ? s'écrierait-il, comment cette nation, si brave, si puissante, si unanime dans ses vœux en 1830, a-t-elle pu permettre à son gouvernement de dévier aussi complètement des conditions de son origine ? Comment ! on lui répondrait ce que je vous ai déjà dit, c'est que le peuple français est admirable dans un jour d'élan, mais que

presque aussitôt après il laisse tout faire sans plus se préoccuper de rien... (Oui ! c'est vrai !)

Eh bien, puisque là est le mal, c'est à changer cette fatale
disposition de notre nation qu'il faut employer tous nos efforts.
Apprenons lui à se défier de cette déplorable facilité qu'elle met
à passer de l'enthousiasme, de l'action énergique d'un jour au
sommeil, à la léthargie du lendemain. (Adhésion.) Que dans un
accès de colère elle brise son gouvernement sans même songer au lendemain, elle le peut : mais ne vaudrait-il pas mieux
avec un peu plus de prévoyance et au moyen d'une surveillance
soutenue, arrêter les écarts de ce gouvernement, redres-
ser ses fautes et s'épargner les hasards d'une révolution ?...
(Applaudissemens.) Vous êtes donc dans le vrai, quand, par
votre exemple, vous voulez constituer le pays à l'état de surveillance permanente des actes du gouvernement, quand vous
exercez sur sa marche un contrôle actif de tous les jours, quand
vous ameutez l'opinion publique pour l'avertir de ses fautes et
le faire sortir d'une voie funeste ; quand vous rejetez des conseils
timides qui vous porteraient à attendre que le mal fût arrivé à
l'extrême pour y porter un remède alors tardif, quand enfin,
vous prenant corps à corps avec le monstre de la corruption, vous
lui arrachez son masque et le traînez au tribunal de la publicité. (Vifs applaudissement.)

C'est là le but, la portée de ces banquets, de cette agitation
pacifique qui s'étend à toute la France ; prévenir la nécessité
du remède héroïque et hasardeux des révolutions, sera, je l'espère, du moins l'effet de ce réveil de l'esprit public qui
commence.... (Assentiment général.)

Ce n'est pas tout, Messieurs..... (Ecoutez ! écoutez !) Le mal
est complexe ; ce ne sont pas seulement les sentimens égoïstes
et cupides ; ce ne sont pas les misérables et puériles vanités qui
livrent seules tant de consciences au pouvoir. — Je sais tout le
parti que la corruption tire de ces mauvais instincts par les places,
les croix d'honneur et toutes les autres faveurs du pouvoir, et
combien se rencontrent de gens qui pour obtenir le signe de l'honneur commencent par se déshonorer...... (Bravo ! bravo !) Le
nombre en est malheureusement bien grand..... Qui l'ignore ?
N'avons-nous pas vu plus de croix d'honneur distribuées à la
suite d'une campagne électorale que le lendemain de la bataille
d'Austerlitz... (C'est vrai ! Très-bien ! très-bien !)

Et à ce propos je voudrais bien que dans mon pays il y eut un
peu moins de vanité et un peu plus de dignité personnelle....
(Adhésions nombreuses.)

Quelque puissant que soient dans la main du pouvoir les
moyens de satisfaire les sentimens égoïstes et vaniteux, il est un
autre auxiliaire non moins puissant peut-être qui lui vient en
aide dans son œuvre. Cet autre auxiliaire, c'est la peur, (oui.
oui) la peur dans toutes ses variétés ; la peur de se compromettre ou de se commettre avec l'administration, la peur d'une révolution politique, la peur plus grande encore peut-être d'une
révolution sociale et menaçante pour la propriété ; — la peur
joue un grand rôle dans les destinées de ce gouvernement ; dès
sa naissance il s'est placé sous son invocation, il en a fait sa

patronne, il est naturel qu'elle le protége, comme il est légitime que nous combattions par la discussion et par la raison publique cette triste influence. (Ecoutez ! écoutez !)

J'ai parlé de la peur de se compromettre vis-à-vis du pouvoir... c'est-à-dire que parce qu'un ministère sera assez coupable pour abuser de ses nombreuses attributions, et de la beaucoup trop grande somme d'arbitraire que lui laissent les lois pour punir par une injustice un acte de conscience ; l'électeur qui devrait voir dans cet abus un nouveau et décisif motif pour voter contre ce ministère, lui livrera au contraire son suffrage et en lui envoyant un député qui l'appuyant dans ses injustices, lui donnera de nouvelles facilités pour les commettre. Étrange manière de repousser le mal que de s'en faire le complice ! — Applaudissements.

Mais ce ministère inique, au lieu de le faire vivre par votre suffrage renversez-le bien loin de lui envoyer un appui envoyez lui un juge impartial qui lui demande un compte sévère et vous aurez bientôt tari la source des injustices que vous redoutez ce qui est plus logique et surtout plus moral et plus digne que de lui donner votre sanction par un vote lâche et inconséquent, (C'est vrai. Assentiment.)

A coté de cette peur du pouvoir qui porte l'électeur à s'en faire le complice se place la peur d'une révolution politique, avec ses hasards et ses violences, sentiment irréfléchi, qui presque toujours se précipite dans le danger qu'il veut éviter, mais sentiment qui dans un pays remué par tant de commotions, s'alimente des souvenirs du passé et a quelque puissance.

La peur des révolutions ! Je touche là une corde délicate, dans cette ville surtout où vivent encore de cruels souvenirs... Ah ! je comprends, je respecte même ce sentiment chez cette partie de la génération qui a traversé ces temps terribles, qui a assisté à ces sanglans holocaustes, je comprends qu'elle soit poursuivie par ces fantômes de la terreur et qu'il lui apparaissent à la moindre agitation... Tenez, je ne répondrai pas qu'en nous voyant passer dans la rue pour venir nous asseoir très pacifiquement à ces tables, quelques personnes respectables ne se soient pas dit, en mettant le nez à la fenêtre :—Voilà la révolution qui passe et la guillotine va s'installer sur la place publique. (Explosion de rires et de bravos.)

Je n'ai pas le courage d'accuser ces impressions qui, pour quelques vieillards, se rattachent à des souvenirs contre lesquels ils ne peuvent se défendre... Mais pour les gens qui apportent dans l'appréciation des choses un peu de calme et un peu de bon sens, comment une peur aussi déraisonnable peut-elle prendre place dans leur âme ?... Comment ne comprennent-ils pas que les temps sont changés ? qu'après la lutte et après la victoire on ne peut voir se renouveler ce qui s'est passé dans l'ardeur de la mêlée. L'état de notre société est complètement changé depuis 1793, et ces changemens ont presque fait disparaître les causes des conflits sanglans de cette époque.

Alors la propriété était le partage de quelques privilégiés ; aujourd'hui elle est divisée, disséminée à l'infini. La grande majorité des citoyens est propriétaire et d'autant plus énergiquement résolue à défendre sa propriété que cette propriété est restreinte. A cette époque le gouvernement qui venait d'abolir les priviléges, qui avait fondu les classes en une seule, avait à lutter contre les résistances d'un ordre de choses qui avait pour lui la consécration des siècles, la puissance des habitudes. Aujourd'hui on déclarerait insensé celui qui croirait au retour du vieux régime même dans le parti légitimiste. Il n'y a plus de castes, nous sommes tous peuple..... (Oui, oui.) Car nous sommes tous enfants de nos œuvres ; le travail nous a fait ce que nous sommes. Il n'y a plus d'armées en présence, pas de drapeaux opposés, comment le combat pourrait-il donc s'engager ?

Je le sais, deux écoles, que je n'hésite pas à déclarer fausses et dangereuses tendraient à reconstituer des classes au sein de notre société. Les uns ont parlé d'hommes de loisir, de barbares; les autres de bourgeoisie et d'ouvriers. Ces divisions créées pour légitimer des ambitions ont pu entretenir des passions également dangereuses pour notre pays ; elles sont, Dieu merci, dénuées de vérité, la bourgeoisie est peuple, c'est là ce qui fait son honneur et sa force... (Applaudissemens.) Ces scènes terribles de 92 et de 93, ces échafauds politiques, ces proscriptions, ces tueries... Tout cela dans l'état de notre civilisation, de nos mœurs, est devenu, Dieu merci, impossible.... (Approbation unanime.) Je vous le demande, en est-il un d'entre vous, hommes de raison et de bon sens, qui conçoive la plus légère inquiétude sur le retour, je ne dis pas de ces temps, mais même de quelque chose d'analogue?

De toutes parts : avec énergie, (Non, non.)

M. O. Barrot : Et si le pays pouvait permettre le retour de pareils violences alors qu'il n'aurait pas même cette excuse que je n'admets pas de l'étranger à repousser il serait le plus lâche et le plus dégradé de tous les pays. (Assentiment marqué) Mais que dis-je, concevoir une telle penée, une telle crainte, c'est élever contre la France la plus ignoble calomnie, le plus odieux mensonge qui puisse flétrir son honneur !.... (Explosion de bravos !)

Je sais bien que dès écrivains se sont pris de nos jours de belle passion pour ces temps-là ; cherchant des sensations à tout prix, ils y ont trouvé des drames saisissants et en abreuvent la société; mais croyez bien que ces hommes n'en inonderaient pas ainsi le public s'ils craignaient la moindre possibilité au retour de ces temps.. (Assentiment). Car autrement leur responsabilité serait bien grave... Non ! il n'y a de leur part que des créations artistiques pour les uns, des hardiesses d'esprit pour les autres, des défis plus téméraires que dangereux jetés aux opinions reçues, aux impulsions générales.

C'est parce que nous sommes séparés de ces temps, par l'abime de l'impossible qu'ils ne craignent pas de remuer ces souvenirs. Encore une fois, il les rejetteraient à l'instant et briseraient leurs plumes, s'ils croyaient que les temps sur lesquels ils exercent le prestige de leur talent pussent se reproduire.... (C'est vrai, c'est vrai.)

Messieurs, il y a un autre auxiliaire qui combat puissamment, plus puissamment encore que les deux autres dont nous venons de parler en faveur des ministres. Cet auxiliaire, c'est la division du grand parti libéral en différentes fractions hostiles les unes aux autres. Une armée quelque forte, quelque nombreuse, quelque courageuse qu'elle soit, si elle se présente divisée contre un ennemi dont les forces sont concentrées, est d'avance battue. (C'est vrai, c'est vrai!)

Comment en serait-il autrement de nous ? si nous dépensons notre énergie à tirer les uns sur les autres ; centre gauche, tiers-parti, gauche, radicaux modérés et extrêmes, tous à l'état d'antagonisme les uns vis-à-vis des autres. En vérité, il ne faudra pas être un gouvernement bien habile pour rester debout au milieu de ce conflit ; il ne faudra pas faire une grande dépense d'éloquence ni de ressources d'intelligence pour triompher d'une armée dont les soldats se battent entre eux. Quant à moi, je ne sais pas de mauvais gouvernement qui ne puisse avec une opposition ainsi morcelée, ainsi indisciplinée, donner carrière librement et impunément à toutes ses mauvaises tendances !.... (Mouvement d'approbation.)

Si de telles divisions doivent subsister, si nous ne fesons pas intervenir entre nous un peu de bon sens, de tolérance, de respect les uns pour les autres ; si enfin il ne s'établit pas quelque union ; si les partis ne savent pas faire le sacrifice de quelques souvenirs ou de quelques espérances pour se réunir sur un terrain commun, il n'y a pas de progrès politique possible, résignons - nous à subir jusqu'au bout le plus mauvais gouvernement. La première des conditions de toute liberté pratique, c'est que les partis même divisés par des questions de passé ou d'avenir, mis en face d'un danger présent et actuel aient le bon sens de réunir leurs efforts pour remédier au mal le plus urgent, à celui dont les conséquences sont les plus immédiates. Ils ajournent leurs querelles jusqu'au moment où ils auront éloigné ce danger.

D'ailleurs, croyez-vous qu'en politique comme en guerre, la discipline ne soit pas une condition indispensable du succès. (Assentiment !) Avec cette disposition de chacun à l'individuabilité au milieu des partis, à ne rechercher qu'à former de petits groupes, le tout sous le prétexte de garder son indépendance vis à vis des partis, comment sortir du mal actuel et préparer un meilleure avenir.

Qu'est-ce qui fait la force de l'armée ministérielle ? c'est la discipline.

Comment donc pourrons nous lutter avec avantage ? en nous groupant autour d'un drapeau, en nous oubliant comme individu. En plaçant sa joie et son honneur dans le triomphe de la cause commune.... (Vive adhésion.)

Quant à moi, je ne crains pas de le dire, il m'importe peu que la place qu'on m'assignera soit à la tête ou à la queue, pourvu que le drapeau sous lequel je marche soit porté haut et ferme et qu'il triomphe... (Applaudissements prolongés.)

Messieurs, j'allais dire mes chers amis... (sensation) car en effet à partir de ce jour il me semble que nous sommes frères d'armes... (oui ! oui !) que nous avons pris les uns avec les autres un engagement d'honneur de poursuivre le combat jusqu'au bout et jusqu'à ce que la liberté et l'honnêteté soient victorieuses dans le pays... (Approbation unanime.)

Or, je l'avoue, je ne connais pas de lien plus puissant que cette fraternité qui s'établit entre des hommes qui combattent pour une si sainte cause. (Vif assentiment). Eh bien ! ce n'est pas le moment de nous décourager. Ne voyez-vous pas poindre à l'horizon le crépuscule encore faible et incertain qui nous annonce l'avénement des grands jours de la justice nationale... (Acclamations). Est-ce qu'il ne vous paraît pas que votre agitation salutaire pénètre même dans les cadres électoraux ? Est-ce qu'il ne vous semble pas que quand le pays tout entier se sera érigé ainsi en tribunal souverain et qu'il fera comparaître à sa barre corrupteurs et corrompus, la liberté et la moralité seront assurées. (Oui, oui.)

Espérez donc. Ne vous découragez pas. Persévérez. Ayez confiance dans ce que vous faites en ce moment, méprisez les sarcasmes et les attaques de ce pouvoir que vous voudriez sauver malgré lui-même et de lui-même. (Bravo, bravo.) Ces manifestations, sachez-le, sont le commencement d'une grande ère pour notre pays et vous aurez la gloire d'y avoir puissamment coopérée.... (Triple salve d'applaudissements.)

A sept heures, M. Barrot cessa de parler ; des applaudissemens enthousiastes, longtemps répétés, saluèrent l'éloquent orateur, et bientôt après, l'imposante réunion réformiste se séparait, profondément émue de cette imposante solennité, et prête à prouver encore, que l'on peut endormir la France, corrompre quelques - uns de ses membres, mais la majorité nationale, jamais !

Banquet Réformiste d'Amiens.

A ce banquet, qui a précédé de deux jours, celui d'Arras, M. F. Degeorge, a prononcé un tost par lequel nous terminerons cette brochure.

A UN MEILLEUR EMPLOI DE LA FORTUNE PUBLIQUE.

M. Frédéric DEGEORGE, rédacteur en chef du *Progrès du Pas-de-Calais*, a la parole :

Mes chers concitoyens,

Permettez que je vous donne ce titre, précieux souvenir d'une année d'hospitalité reçue dans votre belle et industrieuse cité, expression de ma reconnaissance pour le bienveillant accueil que j'ai reçu de vous. — Applaudissements.

Messieurs,

Dans une de nos dernières manifestations réformistes, une voix éloquente vous a dit : quand un incendie se déclare, chacun de crier *au feu !* et pressé par le danger commun, de se réunir pour comprimer le fléau.

Cette situation est à peu près la nôtre. Que dis-je ? le péril qui nous menace est encore plus grand. — Sensation.

Il s'agit, en effet, aujourd'hui de sauver la patrie des maux qui s'amoncèlent. La patrie ! à laquelle tout véritable citoyen doit, quand il le faut, sacrifier sa fortune et sa vie ; à laquelle il devrait sacrifier sa famille elle-même. La patrie ! qui n'a rien de préférable que l'humanité. — Très bien, très bien.

Eh bien ! l'honneur, la liberté, la fortune de la France vont s'abîmer, messieurs, dans un commun naufrage, si à ce cri : *à la corruption !* parti de tous les points de la France, les citoyens ne se réveillent pour remplacer les mandataires infidèles ou inhabiles qui, depuis dix-sept ans, poussent à travers les écueils, le char de l'état. — Oui, oui.

Quand le même danger menace tout le monde, qu'importe, pour le combattre, la diversité des drapeaux ; l'essentiel est de vaincre l'ennemi commun. (Marques d'adhésion). Tel est le sentiment qui réunit à ce banquet toutes les nuances de l'opposition.

S'il est vrai que le peuple comprend surtout qu'on attente à sa liberté quand on touche à sa bourse, comment ne serait-il pas effrayé de la situation financière que lui a faite un pouvoir qui, au lieu de la prospérité annoncée, marche à la banqueroute. — Bravos, bravos.

Qu'est devenu le *gouvernement à bon marché*, promis au Palais-Royal, la veille de l'avènement au trône du roi successeur de la dynastie condamnée à l'exil pour avoir manqué à ses sermens ?

La moyenne par année, de 1814 jusqu'en 1829, des budgets de la restauration, fut de 995 millions. La moyenne des seize années qui suivirent a été un milliard 200 millions. Seize milliards suffirent aux dépenses de l'État, pendant la première période, où la France eut à subvenir à l'occupation étrangère, à payer l'indemnité des émigrés, à aider à la délivrance de la Grèce, à vaincre à Navarin, à préparer la conquête d'Alger. Vingt milliards n'ont pas suffi à la seconde époque puisqu'à la fin de 1846, le déficit s'élevait à 578 millions et qu'aujourd'hui la dette nationale se trouve augmentée de 910 millions. — Mouvement.

Le budget de cette année a été fixé à un milliard 531 millions ; celui pour 1848 sera plus considérable encore. — Profonde sensation. — Où donc est l'économie promise ?

Le *gouvernement à bon marché* dépense un tiers de plus que la Restauration. La *meilleure des républiques* coûte deux fois plus que celle qui est en exécration à nos adversaires, alors qu'en l'an VI, victorieuse au dehors, maîtresse des factions au dedans, elle donnait des lois à 108 départemens, satisfaisait à toutes les dépenses avec un budget de moins de six cents millions et répondait à Léoben, par la bouche de Bonaparte à l'empereur d'Autriche qui proposait pour article 1er du traité avec la France, de reconnaître la République : « Effacez cela : la République est comme le soleil qui luit de lui-même, les aveugles seuls ne le voient pas. » — Applaudissements.

Ah ! si au moins en échange de ce milliard et demi arraché, chaque année, aux sueurs du peuple, nous avions à inscrire sur nos drapeaux les noms des 34 combats gagnés, des 17 batailles remportées, des 12 villes capitales prises, dans cette seule campagne que le traité de Campo-Formio termina si brillamment ; la gloire rembourserait l'or.... Mais avoir dépensé, en dix-sept ans, vingt-trois milliards pour marcher successivement à la remorque ou de l'Angleterre, ou de la Russie, ou de l'Autriche, pour ne pas en avoir encore fini avec un chef d'Arabes toujours vaincu et toujours à vaincre, pour n'avoir procuré à la France que la conquête stérile des îles Marquises, et obtenu, au prix de l'Indemnité Pritchard, l'alliance douteuse de Madame Pomaré..... Ah ! c'est trop, c'est trop d'argent. — Très bien, bravo.

Qu'on ne croie pas pourtant que nous voulions préconiser la guerre. Nous savons que trop souvent la guerre est un instrument d'esclavage pour le peuple conquérant comme pour le peuple conquis. C'est sous les arcs de triomphe encore debout de Marengo, que Bonaparte, premier consul, s'introduisit au trône en détruisant la liberté. (Aux eni-vrements de la victoire, à l'engouement des poignées de mains, pré-férons les bienfaits de la paix ; mais la paix obtenue sans lâches concessions, la paix courronnée par la gloire, que la justice et l'égalité accompagnent, que fécondent le travail et la liberté. — Adhésion.

Cette paix, l'avons-nous ? Que reste-t-il des attributs qui la rendent désirable ? La gloire ! elle est morte depuis le jour où la Pologne des-cesdant au tombeau, un ministre a osé complaisamment annoncer que l'ordre régnait à Varsovie. L'égalité ! elle est morte depuis que le pouvoir crée et fonde une nouvelle aristocratie. La justice ! les tribu-naux l'enterrent en subvensionnant, par la violation de la loi sur les annonces judiciaires, les feuilles servilement dévouées au gouxernement. La liberté ! c'est par exception, et contrairement à la volonté du ministre auquel on a su désobéir, que nous sommes réunis ici. Le travail ! — Écoutez.

Hommes d'état, économistes philantropes, ont tous reconnu qu'il fallait pour vivre à une famille d'ouvriers de la campagne 581 fr. par an, et 840 fr. pour une famille d'ouvriers de la ville.

2,500,000 ouvriers compris entre l'âge de 15 et 65 ans, représentant 1,800,000 familles ou une population de 9 millions d'habitans, ne tou-chent, pour les 4|5, qu'un salaire de 400 à 450 fr. par an, et vivent dans la misère et la souffrance.

Au dessous d'eux, trois millions d'individus sont indigents ou men-diants, dont plus de la moitié se compose d'enfants d'un âge inférieur à 14 ans.

La misère non soulagée pousse au désespoir, et le désespoir enfante les délits et les crimes.

Le nombre des voleurs a augmenté en raison de l'augmentation du nombre des mendiants. Les délits se sont accrus cinq fois plus vite que la population. — Profonde sensation.

La France comptait 67,883 accusés en 1827 ; elle en a compté 107,698 en 1844. Les délits pour vols simples ont plus que doublé dans la dernière période de 17 ans.

Les abandons d'enfans s'élèvent, d'après la dernière statistique mi-nistérielle, à 99,775, — 17,000 enfants trouvés de plus qu'à la fin de l'empire. Les infanticides qui furent, dans la période de 1826 à 1830, de 113 par année, se sont élevés à 168 dans la période de 1841 à 1844.

Ces misères et ces crimes accusent le gouvernement de ne savoir ni prévenir ni réprimer. La misère de la classe ouvrière est exagérée, dit-il. Qu'il réponde alors à ce fait.

Il y a treize ans, la valeur des effets déposés aux monts de piété était de 30 à 32 millions ; elle est aujourd'hui de 39 à 40. 81 mille articles déposés étaient vendus en 1840, faute d'avoir été dégagés ; d'après les documens officiels il s'en vend 162 mille maintenant.—Vive sensation.

Si contre une si grande et si incontestable misère, la France possé-dait, comme l'Angleterre, une taxe des pauvres équivalente au cin-quième de la totalité de l'impôt territorial, c'est-à-dire à 158 millions de francs par an, il y aurait à apaiser bien des faims, à soulager bien des misères.

Mais qu'offre la France, dans sa plus grande largesse, aux malheu-reux qui lui tendent la main ? 8 à 9 millions distribués par les bureaux de bienfaisance à environ à 900 mille familles, c'est-à-dire 10 fr. à peu près par an, quand l'Angleterre accorde à chaque ménage pauvre de 150 à 160 francs. — Profonde sensation.

Et l'on s'étonnerait que la France comptât trois mille suicides par année ! La misère seule prend la moitié de ces anticipateurs de la mort !

Quels remèdes à ces maux ?

La réforme.

Parce qu'avec la réforme, l'égoïsme, la corruption, la pusillanimité cesseront de siéger en majorité dans les chambres.

Qu'une administration populaire succède à celle que nous avons — et l'armée, n'ayant plus à se concentrer autour des grandes villes pour y contenir les populations, pourra être réduite à l'effectif normal en temps de paix, et le budget de la guerre, de 309 millions qu'il est aujourd'hui, pourra redescendre à 192 millions, chiffre qu'il ne dépassait pas il y a dix-sept ans. — Très bien.

Que le vote électoral soit rendu à son indépendance et à sa pureté — et le gouvernement n'aura plus à créer chaque année, de nouvelles places afin d'acheter par elles les suffrages — et 500 mille employés ne dévoreront plus à eux seuls, plus du quart du budget de l'état. — Applaudissements.

Pour ne citer qu'un exemple, choisissons le ministère de l'intérieur. Son budget était, en 1830, de 54 millions, il s'élève aujourd'hui à 113 millions. Pourquoi ces 59 millions d'excédant? Pourquoi? Pour payer des avidités courtisanesques, pour acheter des votes parlementaires et électoraux. Tandis qu'on lésine à donner quelques millions d'encouragement à l'agriculture et à l'industrie, on prodigue 393,840 fr. à l'auteur noble d'un seul ouvrage, la *Peinture des Manuscrits anciens*, par le comte Auguste de Bastard, et l'on prend 500 souscriptions d'un détestable ouvrage, à la gloire du prince royal, composé par un feuilletonniste du *Journal des Débats*. — C'est cela, c'est cela. Bravos.

Combien l'Angleterre fait un emploi plus honorable et meilleur de la fortune publique. Sur un budget de 460 millions, les intérêts de la dette publique et les pensions payés, elle consacre 387 millions à son armée et à sa marine, et seulement 73 millions aux frais d'administration. En France, les intérêts de la dette et les dotations payés, il reste 950 millions dont les frais d'administrations mangent la moitié. Les frais de perception, des deux contributions directes et indirectes, enlèvent à elles seules à la France, un sixième de ses revenus. Cinquante ans suffiraient à la ruine d'un propriétaire à qui son intendance coûterait un tel prix. — C'est vrai, c'est vrai.

Une réforme étendue et profonde, peut seule nettoyer ces nouvelles écuries d'Augias.

L'électorat est un droit dont l'exercice ne saurait être justement refusé qu'à l'individu n'ayant pas l'intelligence et la liberté du vote qu'il devrait exprimer. Et en agissant ainsi, quelle crainte concevoir?

« Partout, a dit l'auteur de l'*Esprit des lois*, partout où le peuple est appelé à exprimer ses suffrages, il est admirable dans ses choix. » Et à cette autorité du grand publiciste, nous avons à ajouter l'appui des faits : depuis soixante-dix ans que les États-Unis vivent en république, le peuple y a élu 15 présidents, et pas une fois il n'a eu regret du choix qu'il avait fait. (Très bien.) Quel royaume au monde, montrant la liste de ses rois, pourrait se vanter d'avoir donné un pareil résultat. — Très bien ! très bien ! Applaudissements.

Et qui, avec la moindre raison, peut donc s'opposer à la réforme électorale que nous demandons ?

Les électeurs qui exercent aujourd'hui le monopole de l'électorat ? Mais à quel titre ?

Ont-ils le nombre de leur côté ? Ils sont 220,000 propriétaires votants, contre 4,580,000 autres propriétaires privés du droit d'élection.

Ont-ils exclusivement pour eux le savoir et l'intelligence ? les portes des collèges électoraux sont fermés aux avocats, aux juges, aux notaires, aux savants, à ceux-là même que la loi admet comme jurés, à qui elle confère le droit de punir ou d'absoudre, d'envoyer à la mort ou de sauver de l'échafaud. Midas, Midas qui portait des oreilles d'âne serait éligible dans notre France, où son traités en parias, Béranger, Lamennais et Châteaubriand. — Applaudissements. — Interruption.

Ces 220 mille électeurs privilégiés à 200 francs possèdent-ils au moins la majeure partie de la richesse territoriale qu'ils sont censés représenter ? Non encore. Sur les 46 millions d'hectares, superficie de la France cultivable, ce qu'on appelle le pays légal ne possède que 17 millions 382 mille hectares, moins des deux cinquièmes du sol.

A quel titre donc le gouvernement prétendrait-il attribuer à cette minorité du nombre, de la capacité, de la richesse, le droit exclusif de participer, par l'élection, à l'administration du pays.

Est-ce que le régime électoral actuel a peuplé la chambre et les ministères des hommes les plus honnêtes et les plus capables qui soient dans le pays ?

Est-ce que les grands ministres que nous possédons ont contraint l'Angleterre a partager avec nos vaisseaux le commerce du monde ?

Le drapeau français flotte-t-il de nouveau au faîte de l'Escurial et du Kremlin ? Et peut-on dire aujourd'hui, comme après les batailles de Marengo, d'Austerlitz, de Wagram, d'Iéna, que tous les peuples, suspendus comme par une chaîne attachée par la victoire au pied de la colonne Vendôme, n'existent plus que par la volonté de la France et sous la protection de son chef?.... — Non, non. — Bien, très bien.

La puissance de la France ! Lord Palmerston a pu dire impunément qu'il ferait passer le roi des Français par le trou d'une aiguille (rires d'adhésion). La prospérité de notre commerce ! Le nombre des faillites s'élève, d'après le dernier compte général de l'administration de la justice, à 3,011 par année; l'augmentation a été de plus d'un cinquième en deux ans. — Sensation.

L'Angleterre, un des orateurs au banquet de Béthune, M. Sarrans, vous l'a dit, l'Angleterre a tranché dans le vif pour opérer la réforme qui devait sauver le pays. Il nous faut l'imiter.

Il faut élargir notre loi électorale, afin de conférer le droit de vote à tout ce qui est actif, capable, utile dans le pays.

Il faut modifier l'assiette de l'impôt, de manière à ne demander rien au strict nécessaire et de faire contribuer pour une plus large part, dans les dépenses publiques, la richesse et le superflu.— Oui ! oui !

En Angleterre, les maisons dont le loyer ne dépasse pas 10 livres sterling (250 francs), sont exemptées de l'impôt. En France, ce ne sont pas les charges qui pèsent sur les pauvres, qu'on tend à alléger, c'est l'opulence qu'on ménage. 104 mille détenteurs de rentes 5 p. 0[0 sont exempts d'impôts, et des milliers de ces rentiers sont inscrits sur le grand livre pour des sommes de 100 mille francs et au-dessus. Le capitaliste millonnaire pourra n'être imposé que pour sa cote personnelle de 3 fr. 30 c., quand le pauvre artisan travaillant en chambre, outre sa cote personnelle aura une patente à payer. Est-ce équitable, nous vous le demandons. — Non ! non !

Il faut porter la hache dans le buget des dépenses. « Six cent millions de fr. de revenu disait Napoléon, doivent suffire à la France, en temps de paix. » Il faut que ce soit plus spécialement la richesse et le luxe qui subviennent aux besoins de l'État.

Quels obstacles pourraient rencontrer les améliorations et les réformes que la situation du pays réclame, quand la nation se montrera unanime pour les demander. C'est un vieil adage que, *la voix du peuple c'est la voix de Dieu.* C'est un principe non moins ancien que les nations ont le droit de chercher leur bien-être, en modifiant, en changeant même leur constitution. (Assentiment.) Un ministre de la restauration, qui fut aussi un des familiers de la dynastie nouvelle, et dont le petit-fils administra ce département, M. le comte Siméon, a écrit ces lignes remarquables : « Le peuple propriétaire et dispensateur de la souveraineté, peut changer son gouvernement, et par conséquent destituer dans une grande occasion ceux auxquels il l'avait confié. »

Que la royauté de juillet, se rappelant mieux de son origine, fasse que cette occasion ne se présente pas. Mais quant à nous, en présence des hontes et des scandales qui affligent la patrie, n'imitons pas cet intendant de province dont parle Michelet, dans son dernier volume de l'Histoire de la Révolution. Obligé de condamner à mort l'un des derniers martyrs protestans du Midi, Lenain de Tillemon lui disait : « Hélas ! monsieur, ce sont les ordres du roi. » — Il fondait en larmes: le condamné le consola. Ah ! plutôt qu'un innocent périsse, brisons avant l'écuafaud. — Approbation.

Dans les temps de crise, le poste de l'honneur et du salut n'est pas dans la retraite. Ces banquets l'indiquent clairement: l'esprit national se réveille, les idées généreuses éclatent de toutes parts. Partout on demande des lois protectrices, des réformes indispensables; partout on désavoue les hontes, les corruptions qui dégradent la France, partout on repousse le privilège et l'arbitraire. Que dans cet imposant mouvement de l'opinion, la bourgeoisie se joigne au peuple, que toutes les classes s'unissent pour préparer le bonheur commun.

Il ne faut pas seulement vouloir le bien-être et la liberté pour soi, comme les ultras de toute espèce, il faut les vouloir pour les autres, et même pour ses ennemis. L'époque des réparations est arrivée ; il faut se garder d'hésiter et de lésiner avec elles. Les concessions ne satisfont que lorsqu'elles sont faites à temps. On ne les reçoit plus, on les commande après la victoire. — Bravos ! Bravos !

Quand à moi, fils d'un soldat dont l'épée a eu l'innapréciable bonheur de ne jamais être teinte par une seule goutte du sang si abondamment versé dans nos discordes civiles et qui, aussi ferme dans sa foi politique que brave sur les champs de bataille, répondit : *Non !* contre le consulat à la vie, et encore *non !* contre l'établissement de l'Empire ; moi, fidèle aux traditions que m'a léguées mon père, je suis du peuple, et si, Dieu nous en garde ! la bourgeoisie d'aujourd'hui imitait l'aristocratie d'il y a cinquante ans, c'est avec le peuple que j'irais ; car là sont les souffrances, là est l'avenir de l'humanité. — Bravos, bravos, applaudissements prolongés.

Arras : Imp. et Lith. de Mᵐᵉ V. J. Degeorge.